Earth Science for Curious Kids
Copyright © Arcturus Holdings Limited
Korean translation copyright © 2023 by Nikebooks
This Korean edition published by arrangement with Arcturus Holdings Limited
through YuRiJang Literary Agency.

이 책의 한국어판 저작권은 유리장 에이전시를 통해 저작권자와 독점 계약한 니케북스에 있습니다. 저작권법에 의하여 한국 내에서 보호를 받는 저작물이므로 무단전재 및 복제를 금합니다.

열두 살 궁그미를 위한 지구 과학

과학 시리즈

안나 클레이본 글 · 알렉스 포스터 그림
김기상 옮김

바케주니어

차례

지구 행성에 온 것을 환영해요! 7
우주를 가로지르다 8

1장: 지구 이야기 11
태초에 12
계절, 하루, 밀물과 썰물 14
지구의 구조 16
대륙과 판 18
암석과 광물 20
암석의 순환 22
지하 세계 24
지진과 화산 26
지질 시대 28

2장: 물의 세계 31
물은 어디에서 왔을까요? 32
물의 순환 34
땅속의 물 36
강과 호수 38
바다와 대양 40
바다의 깊이 42
파도와 쓰나미 44
얼음과 빙하 46
섬과 해안 48

3장: 대기와 날씨 51
지구의 대기 52
날씨와 기후 54
태양의 힘 56
구름 58
하늘에서 내리는 물 60
바람과 폭풍우 62
위험한 날씨 64
이상한 날씨 66
일기 예보 68

4장: 지구의 생명체 ... 71
생명은 어떻게 탄생했을까요? ... 72
생명의 나무 ... 74
미생물 ... 76
식물과 균류 ... 78
동물 ... 80
생물군계 ... 82
서식지 ... 84
생태계 ... 86

5장: 지구상의 인간 ... 89
인간은 어떻게 진화했을까요? ... 90
퍼져 나가다 ... 92
자원 활용 ... 94
농사 ... 96
마을과 도시 ... 98
현대 세계 ... 100
변화하는 자연 ... 102
지도 만들기 ... 104

6장: 지구 구하기 ... 107
붐비는 지구 ... 108
에너지와 전기 ... 110
오염 ... 112
온실 효과 ... 114
기후 변화 ... 116
멸종 위기종 ... 118
보존 ... 120
재생 에너지 ... 122
미래로 ... 124
세계 기록 ... 126

용어 풀이 ... 128
찾아보기 ... 130

지구 행성에 온 것을 환영해요!

지구는 현재 인류가 살고 있는 유일한 행성이에요.
지구에 대해 공부하면 지구가 어떻게 탄생했고 어떻게 활동하는지,
지구의 위험으로부터 어떻게 안전하게 지낼 수 있는지,
지구의 방대한 자원을 어떻게 이용할 수 있는지 알 수 있어요.
암석과 금속, 강과 비옥한 땅, 숲과 산, 바다에 이르기까지
우리 지구는 쓸모 있는 것들과 아름다운 곳들로 가득해요.

지구를 연구하는 학문인 지구과학에는 매우 다양한 분야가 있어요.
지리학자는 지구의 표면과 인간이 지구 표면을 활용하는 방법을 연구해요.
지질학자는 암석과 광물, 그리고 지구의 형성 과정을 연구해요.
기상학자는 날씨를 연구하고, 해양학자는 바다를 연구하며,
생태학자는 지구가 수많은 생물에게 어떻게 보금자리를 제공하는지 연구하지요.

이 책을 통해 지구의 탄생, 신기한 광물, 폭발하는 화산, 휘몰아치는 폭풍, 다양한 생명체 등등
우리가 사는 놀라운 세상에 대한 모든 것을 탐험하고 인간이라는 한 종이 어떻게 이 세계를 변화시켰는지 살펴봐요.

우주를 가로지르다

지구는 시속 107,208km의 엄청난 속도로 우주 공간을 날아가는 암석 덩어리예요. 1초마다 약 30km씩 이동하는 셈이지요. 지구는 1억 5천만km 떨어진 거대하고 불타는 별인 태양 주위를 돌고 있어요. 지구에서의 1년은 지구가 태양 주위를 한 바퀴 도는 데 걸리는 시간이에요.

크거나 작거나?

지구는 크기도 하고 작기도 해요! 지구는 인간과 비교하면 정말 거대해요. 지구의 지름은 12,742km이고 둘레(지구를 한 바퀴 도는 거리)는 40,075km에 달해요. 만약 도중에 가로막는 바다가 없고, 우리가 잠을 자거나 쉬지 않고 계속 걸어서 지구를 한 바퀴 돌 수 있다면 거의 1년이 걸릴 거예요.

하지만 광활한 우주와 비교하면 지구는 아주 작아요. 백만 개가 넘는 지구가 태양 안에 들어갈 수 있지요. 태양과 지구, 그리고 다른 행성들로 이루어진 태양계의 지름은 120억km가 넘어요.

은하수

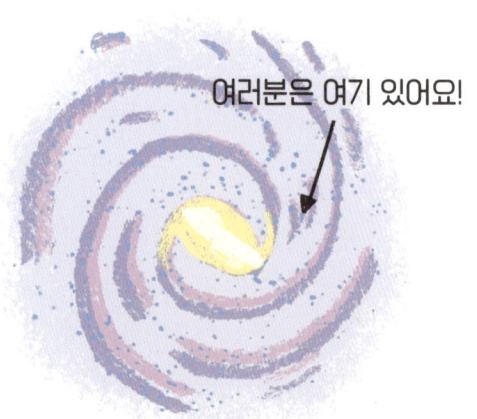

여러분은 여기 있어요!

그러나 태양계 또한 별들의 집단인 우리 은하 또는 은하수의 아주 작은 부분에 불과해요. 우리 은하에는 태양 외에도 수십억 개의 다른 별들이 있답니다.

그리고 은하수 너머, 우주를 가로질러 저 멀리에도 셀 수 없이 많은 또 다른 은하들이 있어요.

여러 행성 중 단 하나

우주는 별들로 가득 차 있고 또 다른 태양계와 행성들도 엄청나게 많아요.
그러나 지금까지 알려진 행성 중에서 생명체가 살고 있는 행성은 지구뿐이에요.
하지만 다른 몇몇 행성들에도 지구처럼 암석과 화산, 날씨가 존재해요.

그냥 궁금해요
그것은 미스터리예요!

우주는 왜 존재할까요? 우주는 어디에서 왔을까요? 우리는 그 이유를 알아내기 위해 계속해서 우주, 행성, 암석, 광물을 연구하고 있어요. 그러나 모든 사물이 존재하는 이유는 아무도 모른답니다.

1장
지구 이야기

지구는 아주아주 나이가 많아요. 지구는 처음부터 이 자리에 지금과 같은 모습으로 있었던 것은 아니에요.
약 45억 6천만 년 전, 아직 어린 태양 주위를 돌던 뜨거운 먼지와 가스에서 지구가 만들어지기 시작했어요.
그 후 뜨거웠던 지구는 점점 식으면서 모습이 바뀌었어요. 달과 단단한 암석 지각,
그리고 바다와 대양을 이룰 만큼 충분한 물이 생겼지요.

이 장에서는 시간을 거슬러 올라가 지구, 태양, 우주가 어떻게 시작되었는지 살펴볼 거예요.
지구는 무엇으로 이루어져 있고 어떻게 지금과 같은 모습이 되었는지 알아봐요.

태초에

아주아주 오래전, 상상하기도 어려울 정도로 아주 먼 옛날에 우주가 탄생했어요.

무슨 일이 일어났을까요?

우리는 우주가 어떻게 탄생했고 별과 행성이 어떻게 만들어졌는지 정확히 알지 못해요. 그것을 본 사람이 아무도 없기 때문이에요. 현재 우리가 측정하고 알아낼 수 있는 것들을 바탕으로 가장 그럴듯한 설명을 할 수 있을 뿐이에요. 과학자들은 아주 먼 옛날 이런 일들이 일어났을 거라고 생각해요.

138억 년 전

빅뱅

태초에 별과 행성을 이루고 있는 모든 물질은 아주 작은 한 점에 모여 있었어요. 그 점이 갑자기 거대한 에너지 폭발로 팽창하면서 우주가 탄생했어요. 이 대폭발을 빅뱅이라고 불러요.

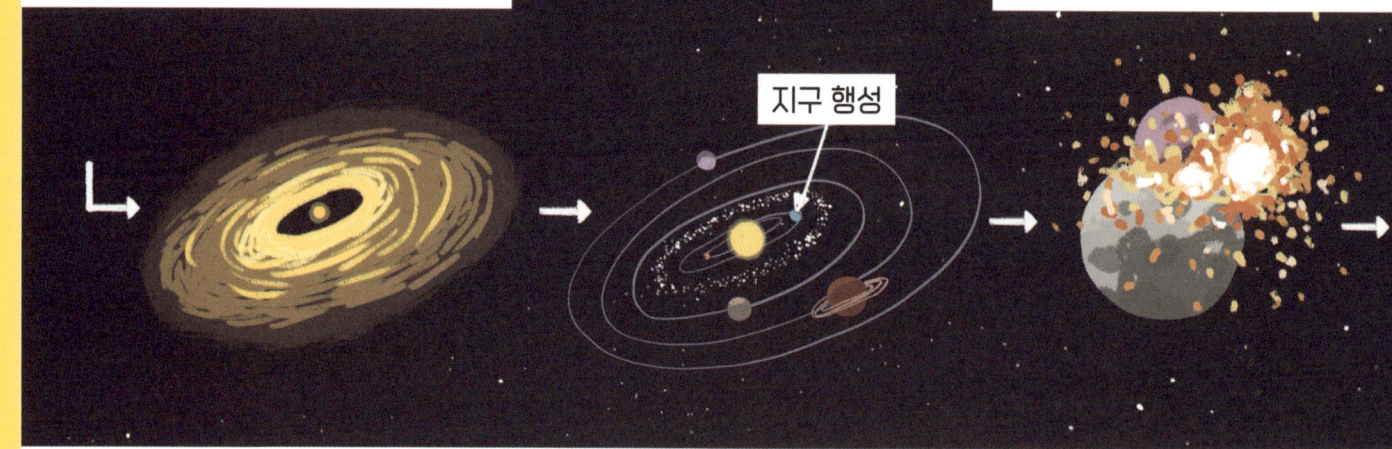

지구 행성

46억 년 전

태양

다른 별들처럼 태양도 중력에 의해 서로 끌어당기며 합쳐진 먼지와 가스 구름에서 형성되었어요. 뜨거운 먼지와 가스로 이루어진 평평한 원이 태양 주위를 돌고 있었어요.

46억 년 전

태양계

태양 주위를 돌던 먼지와 가스 구름이 점점 뭉쳐져 행성을 형성했어요.

45억 년 전

달

행성들이 형성된 초기에 또 다른 행성인 테이아가 지구에 충돌했어요. 이 충돌로 인해 커다란 암석 덩어리가 떨어져 나가 지구 주위의 궤도를 돌게 되었고, 이것이 달이 되었어요.

그냥 궁금해요

달은 아주 오래전부터 인간의 마음을 사로잡았어요. 1610년 이탈리아 과학자 갈릴레오는 초기 망원경으로 달을 관찰하여 달에 산과 분화구가 있다는 것을 알아냈어요.

그리고 1969년에는 우주비행사들이 처음으로 달에 발을 내디뎠지요.

44억 5천만 년 전

용암 지구

달을 만든 충돌 후 지구는 대부분 용암 덩어리처럼 뜨겁고 녹은 암석 상태였어요.

44억 년 전

육지와 바다

뜨거웠던 지구는 점차 식으면서 바깥층, 즉 지각이 단단한 암석으로 굳어졌어요. 지구 위에 물이 모여서 바다가 만들어졌어요.

약 38억 년 전

생명의 시작

최초의 단순한 단세포 생명체가 발생했고 점차 식물과 동물 등 다양한 종류의 생명체로 진화했어요.

5천만 년 전

대륙

지구의 땅은 시간이 흐름에 따라 조금씩 이동했어요. 약 5천만 년 전쯤 오늘날과 같은 모습의 대륙이 형성되었어요.

계절, 하루, 밀물과 썰물

지구는 태양 주위를 공전하고, 달은 지구 주위를 공전하며, 지구 자체도 자전하고 있어요.
이러한 움직임은 하루, 계절, 밀물과 썰물 같은 현상을 일으켜 우리 생활에 리듬이 만들어져요.

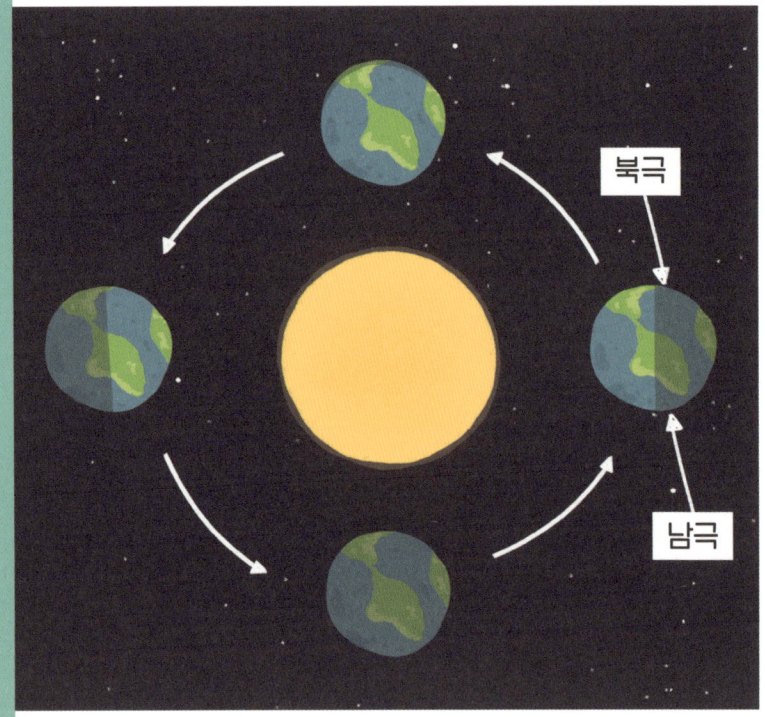

사계절

1년은 지구가 **궤도**를 따라 태양 주위를 한 바퀴 도는 데 걸리는 시간이에요. 지구가 태양 주위를 도는 과정에서 우리는 계절을 겪게 되는데, 계절은 세계 어느 곳에 있느냐에 따라 달라져요. 계절은 지구의 자전축이 공전 궤도에서 약간 기울어져 있기 때문에 발생해요.

북극이 태양으로부터 멀어지는 쪽으로 기울어지면 지구의 북반구는 햇빛을 덜 받게 돼요. 그래서 북반구는 더 어둡고 추워지며 겨울을 겪게 되지요.

동시에 남극은 태양을 향해 기울어져 여름을 겪어요.

낮과 밤

한편, 지구는 자전해요. 여러분이 있는 곳이 태양을 향해 있을 때가 낮이에요. 지구가 자전하면서 태양에서 멀어지면 밤이 되고요. 우리에게는 태양이 떠올라서 하늘을 가로질러 이동하다가 지는 것처럼 보이지만, 실제로는 지구가 스스로 회전하는 것이에요.

지구는 태양 주위를 한 바퀴 도는 동안 365번 조금 넘게 자전해요. 그래서 1년은 365일이에요.

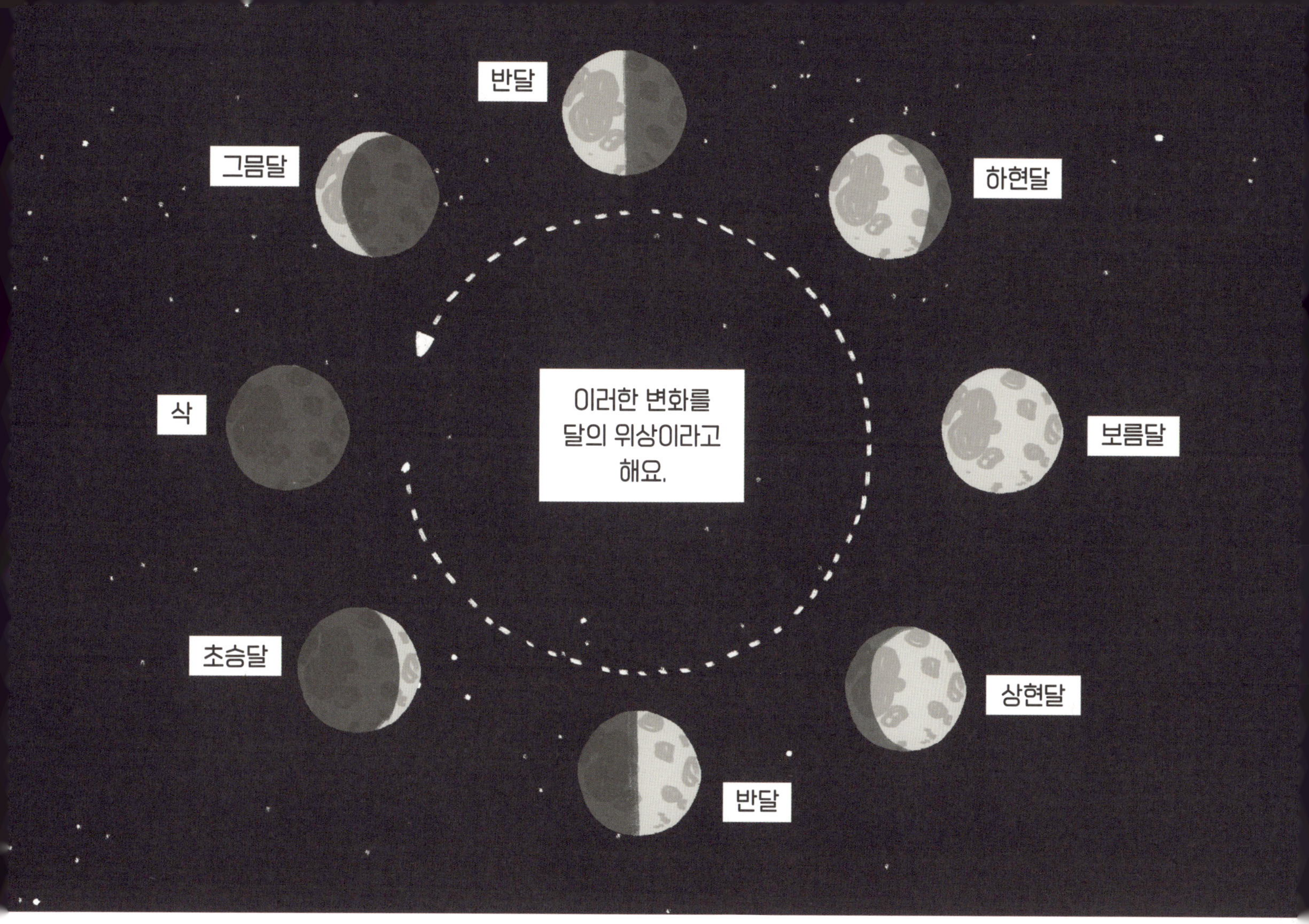

그믐달 · 반달 · 하현달 · 삭 · 이러한 변화를 달의 위상이라고 해요. · 보름달 · 초승달 · 상현달 · 반달

달의 위상

달은 대략 28일에 한 번씩 지구 주위를 공전해요. 태양은 지구가 태양 주위를 공전할 때와 마찬가지로, 달이 지구 주위를 공전할 때도 달의 한쪽 면에 빛을 비춰 줘요. 우리는 달의 밝게 빛나는 면만 볼 수 있기 때문에 달이 궤도를 따라 움직이면 달의 모양이 변하는 것처럼 보여요.

달이 우리 머리 위를 지나갈 때, 달의 **중력**이 지구의 바닷물을 끌어당겨요. 이로 인해 바닷물이 위아래로 움직여 밀물과 썰물이 만들어져요.

지구 이야기

15

지구의 구조

우리는 지구의 바깥쪽 표면층인 지각에 살고 있어요. 지구 내부에는 몇 개의 층이 더 있어요.
지구 내부는 너무 뜨거워서 우리가 탐험할 수 없지만, 만약 할 수 있다면 이런 것을 발견하게 될 거예요.

지면~35km 아래:
암석 지각

지구의 **지각**은 주로 암석과 광물로 이루어져 있어요. 지각의 두께는 바다 밑에서는 약 5km 정도로 얇고 육지의 높은 산맥이 있는 곳에서는 50km가 넘을 정도로 다양해요.

35km~2,900km 아래:
녹아내리는 맨틀

지각 아래에 있는 **맨틀**은 매우 뜨겁고 부분적으로 녹아 있는 암석층이에요. 맨틀은 뜨겁고 끈적끈적한 캐러멜처럼 아주 천천히 움직여요. 맨틀의 온도는 약 1,000°C~3,700°C예요.

지각 근처의 상부 맨틀은 대부분 고체이지만, 일부 지역에서는 녹은 암석인 **마그마**가 지각을 뚫고 나와 **용암**이 되어 흐르고 화산을 형성하기도 해요.

더 깊은 곳의 하부 맨틀은 훨씬 더 뜨거워요. 하지만 훨씬 더 큰 압력을 받고 있기 때문에 더 단단한 고체 상태이고 더 느리게 움직여요.

2,900km~6,371km 아래:
철 핵

지구의 중심부인 핵은 두 가지 금속으로 이루어져 있어요. 대부분은 철이고 니켈이 조금 있지요.
핵도 맨틀처럼 두 개의 층으로 나뉘어요. 외핵은 액체 상태로 소용돌이치며 흘러요. 이 운동이 지구 자기장을 만드는 것으로 알려져 있답니다.

내핵은 고체 상태의 거대한 금속 공이에요. 내핵의 온도는 5,200°C 정도로 매우 뜨거워요.

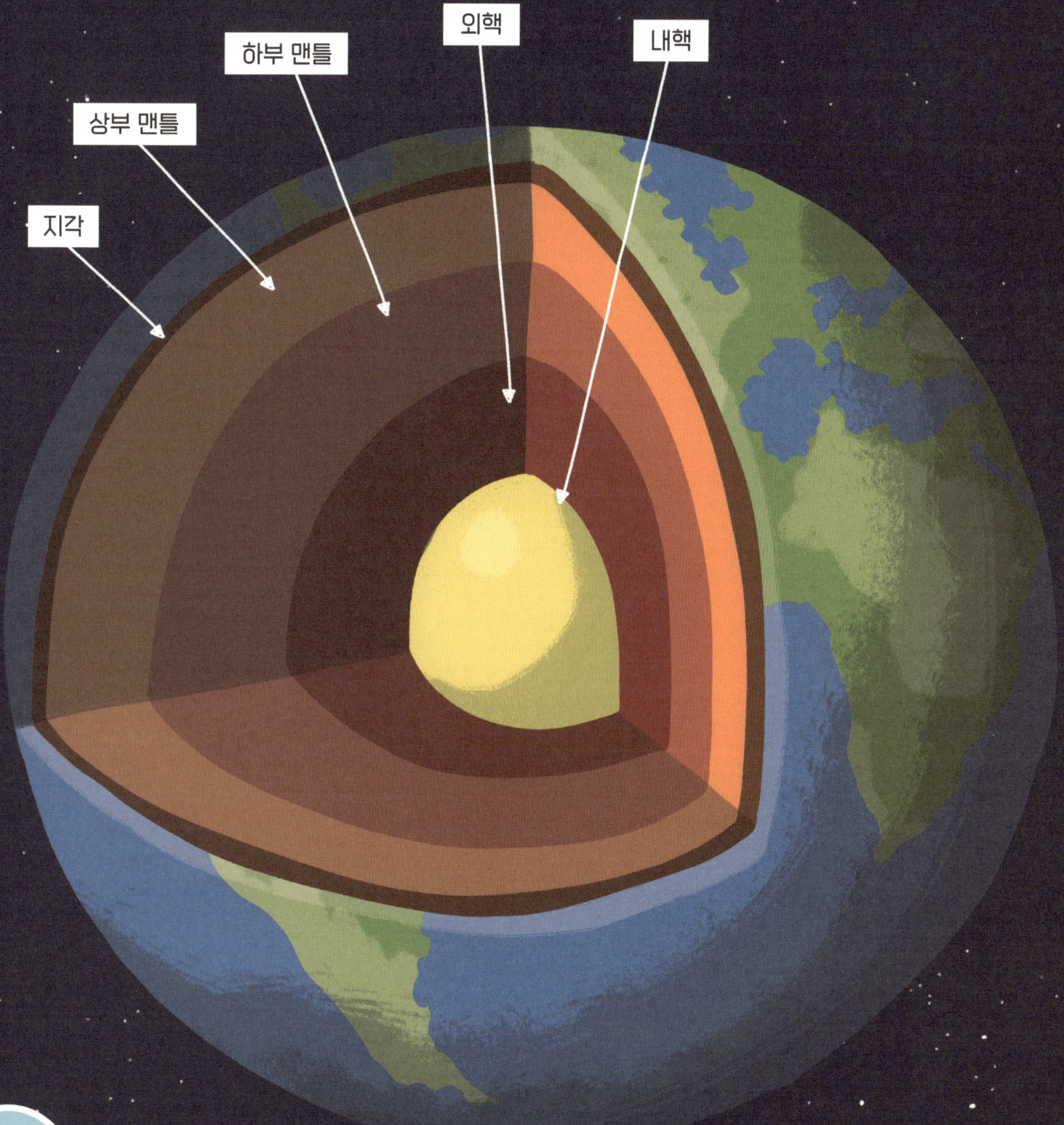

지각
상부 맨틀
하부 맨틀
외핵
내핵

?

그냥 궁금해요

지구 내부는 왜 이렇게 뜨거울까요?

지구 내부의 열은 수십억 년 전 태양 주위의 뜨거운 가스와 먼지로부터 지구가 만들어졌을 때의 열이 남아 있는 거예요. 지구의 바깥쪽 지각은 차갑게 식었지만 그 안쪽은 아직 식지 않은 것이지요. 마치 덜 식어서 속이 아직 뜨거운 커다란 찐 감자 같아요!

지구 이야기

17

대륙과 판

세계 지도를 살펴보면 커다란 땅덩어리들을 볼 수 있어요. 이를 대륙이라고 해요.

일곱 개의 대륙

우리는 지구의 육지를 일곱 개의 대륙으로 나눠요. 각 대륙에는 큰 땅덩어리와 그 주변에 있는 작은 섬들이 포함돼요.

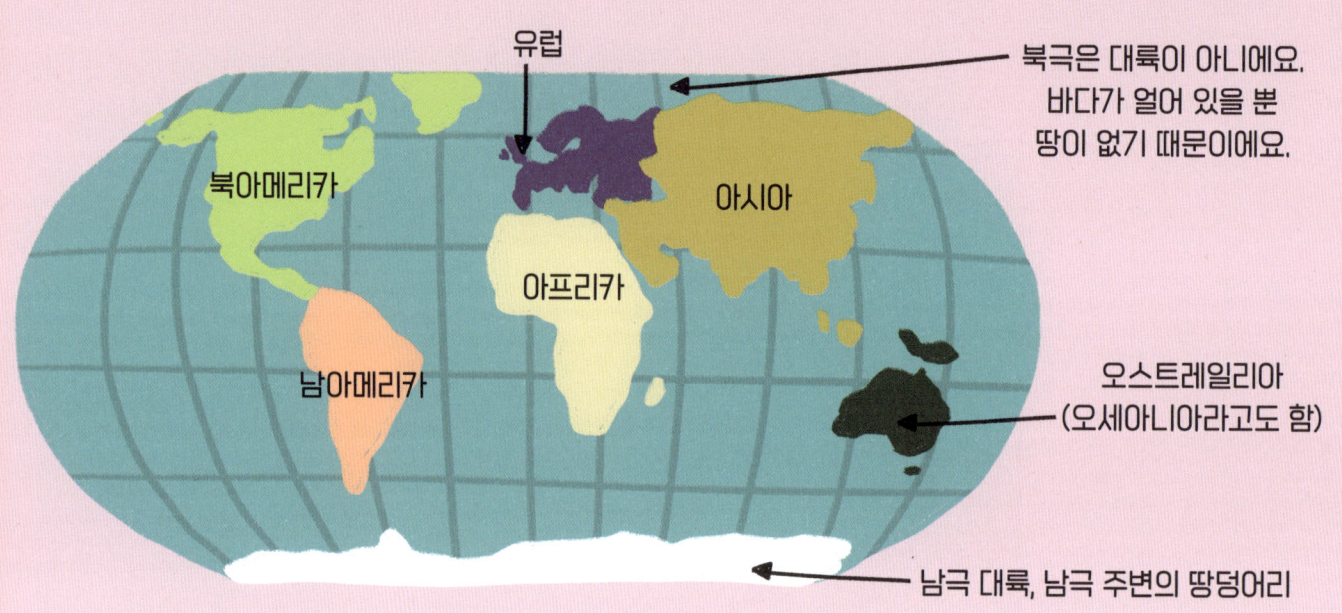

- 유럽
- 북극은 대륙이 아니에요. 바다가 얼어 있을 뿐 땅이 없기 때문이에요.
- 북아메리카
- 아시아
- 아프리카
- 남아메리카
- 오스트레일리아 (오세아니아라고도 함)
- 남극 대륙, 남극 주변의 땅덩어리

육지와 바다

지구 바깥층에는 대륙과 해양이 있어요. 대륙의 지각과 해양의 지각은 형태가 달라요.

대륙 지각은 보통 두께가 약 30~50km이고 지구 내부의 마그마 위에 떠 있으며, 대부분 화강암으로 이루어져 있어요.

해양 지각은 대륙 지각보다 얇고 밀도가 높으며(부피에 비해 무거움) 대부분 현무암으로 이루어져 있어요. 해양 지각은 대륙 지각보다 낮은 곳에 있어서 지구상의 물 대부분이 흘러내려 이곳을 채우고 바다와 해양을 이루어요.

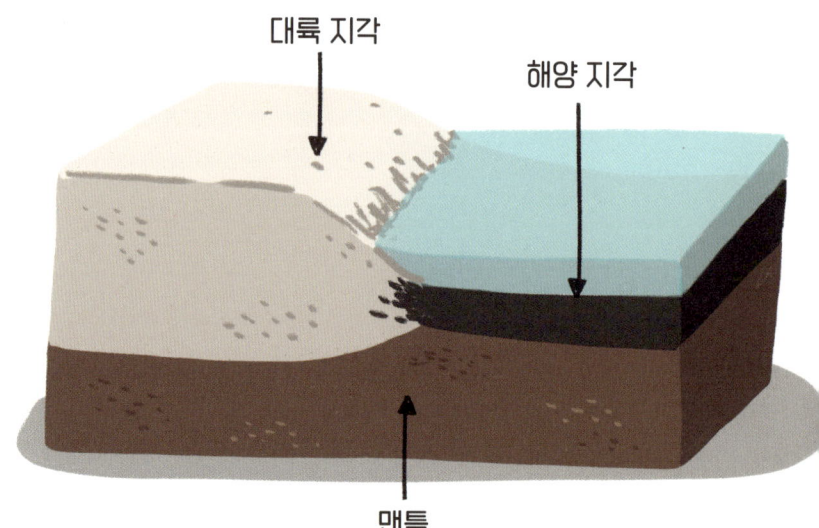

- 대륙 지각
- 해양 지각
- 맨틀

 ## 놀라운 판!

1970년대에 과학자들은 지구의 지각이 거대한 **판**으로 나뉘어 있다는 사실을 발견했어요.
그 판들은 마치 거대한 퍼즐 조각처럼 전 세계에 걸쳐 서로 잘 들어맞아요.

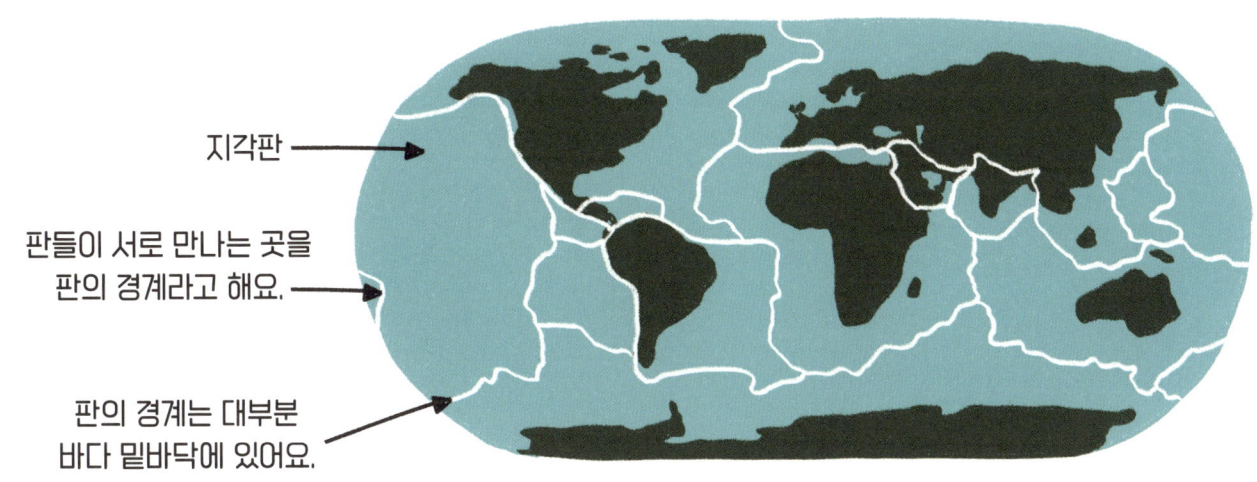

지각판

판들이 서로 만나는 곳을
판의 경계라고 해요.

판의 경계는 대부분
바다 밑바닥에 있어요.

 ## 판의 순환

판의 경계 중 **발산 경계**에서는 판들이 서로 서서히 멀어지면서
그 아래의 마그마가 위로 이동하여 새로운 지각이 만들어져요.

수렴 경계에서는 판들이 부딪히면서 서로 밀어붙여요.
보통 한 판이 다른 판 아래로 천천히 미끄러져 들어가 녹아서 다시 마그마가 돼요.

이는 판과 판 위에 있는 대륙이 항상 움직이고 있음을 의미해요.
그러나 손톱이 자라는 속도와 비슷하게 아주 느리게 움직이지요!

발산 경계   수렴 경계

암석과 광물

지구의 대부분은 암석과 광물로 구성되어 있어요. 암석과 광물은 수천 가지의 종류가 있으며 모양과 색깔도 다양해요. 암석과 광물은 우리가 걷는 땅을 이루고 있을 뿐만 아니라 다양한 방법으로 사용돼요.

광물은 무엇일까요?

광물은 자연적으로 존재하는 물질로, 다른 성분이 섞이지 않은 순수한 상태의 무생물이에요.

광물에는 배터리나 페인트, 금관 악기를 만드는 데 사용하는 아연, 반지를 만드는 데 사용하는 금과 같은 금속도 포함돼요. 많은 광물이 아래 그림의 장미 석영처럼 보석 같은 결정체로 만들어져요.

장미 석영

화강암

암석은 무엇일까요?

암석은 다양한 광물이 섞여서 만들어져요. 예를 들어 사암, 셰일, 화강암에는 모두 석영이라는 광물이 다른 광물과 함께 혼합되어 있어요.

암석의 세 가지 유형

지질학자(지구과학자)는 암석이 어떻게 만들어졌는지에 따라 암석을 세 가지 유형으로 구분해요.

퇴적암은 보통 호수나 바다의 바닥에 진흙, 모래 또는 조개껍데기가 천천히 가라앉아 쌓여서 만들어져요.

사암은 모래가 쌓여서 만들어진 퇴적암이에요. 건축 재료로 사용되지요.

사암에서는 지층에 나타나는 줄무늬인 층리를 쉽게 볼 수 있어요.

바다 밑에 퇴적암층이 형성되고, 시간이 흐르면서 아래쪽의 지층은 위쪽 지층의 무게에 눌려 단단한 암석이 돼요.

화성암('불이 만든 암석'이라는 뜻)은 지구 내부에 있던 마그마가 뜨겁고 녹은 용암으로 흘러나와 만들어져요. 용암이 식어 딱딱하게 굳으면서 새로운 암석이 되지요.

부석은 화성암의 한 종류예요. 부석에는 용암이 식으면서 그 안에서 빠져나오지 못한 공기 방울들로 인해 구멍이 뚫려 있어요. 우리는 발의 각질을 제거할 때 부석을 사용하기도 해요!

변성암('변한 암석'이라는 뜻)은 다른 종류의 암석이 압착되거나 가열되어 만들어져요. 변성암은 지각판이 움직이면서 지각 아래로 깊숙이 들어갔을 때, 또는 녹은 마그마가 주변 암석을 뜨겁게 가열하는 화산 아래에서 만들어져요.

점판암은 부드러운 점토나 셰일이 압착되어 만들어진 변성암이에요. 자연적으로 평평한 판 모양으로 만들어지기 때문에 지붕의 재료로 사용하기 좋아요.

부석

점판암

암석의 순환

암석은 전혀 움직이거나 변하지 않는 것처럼 보이지만 실제로는 움직이고 변한답니다. 암석은 끊임없이 갈라지고, 부서지고, 용해되고, 닳거나 녹고 있으며, 바다 밑바닥에서나 화산이 폭발할 때 새로운 암석이 만들어져요. 암석은 암석의 순환이라는 과정에 따라 변해요. 그것은 물의 순환과 비슷하지만 훨씬 더 느리게 일어나요.

1 암석은 **풍화** 작용으로 쪼개지고 더 작은 조각으로 부서져요. 어떤 암석들은 비와 강물 때문에 천천히 녹기도 해요. 영하의 날씨에는 암석의 갈라진 틈에 스며들어 있던 물이 얼고 팽창하여 틈이 더 벌어지면서 암석이 깨지고 부서져요.

2 강이나 해변에서 굴러다니는 암석들은 닳고 닳아서 둥근 자갈이 돼요.

3 작은 암석 조각들은 모래와 진흙이 돼요. 암석, 모래, 진흙이 중력이나 바람, 강물에 의해 이동하는 **침식** 과정이 일어나요. 많은 양의 모래와 진흙, 자갈이 내리막길을 따라 바다와 호수로 운반돼요.

4 모래와 진흙은 바다와 호수의 바닥에 가라앉아 **퇴적물**이 돼요.

5 퇴적물이 압착되어 굳어져 퇴적암이 돼요.

6 지각판이 서로 부딪히는 곳에서 일부 암석은 **맨틀** 속으로 밀려 내려가요.

가장 오래된 암석과 광물

암석은 순환하기 때문에 약 45억 6천만 년 전, 지구가 처음 형성되었을 때 만들어진 암석이나 광물은 남아 있지 않아요.

지금까지 발견된 암석 중 가장 오래된 것은 캐나다의 아카스타강 근처에서 발견된 편마암으로 약 39억 6천만 년 전에 만들어졌다고 추정돼요.

가장 오래된 광물은 호주 잭 힐스에서 발견된 지르콘으로 44억 년이나 되었답니다!

10 화산이 폭발하면 뜨겁고 녹은 암석인 용암이 지각 밖으로 뿜어져 나와요. 용암은 식고 굳어져 새로운 화성암이 돼요.

9 땅속에서는 암석이 눌리고 가열되어 변성암이 만들어져요.

7 어떤 암석들은 위로 밀려 올라가 산을 형성해요.

8 지구 내부 깊은 곳에서 암석은 뜨거워져 녹아내려요.

23

지하 세계

우리 발밑의 땅속은 단단한 암석으로만 가득 차 있는 것은 아니에요.
땅속 어떤 곳에는 빈방 같은 공간이나 구멍, 동굴이 있고 심지어 강이 흐르기도 해요.

녹아내리다

동굴은 대부분 석회암 지대에서 만들어져요. 비가 내리면 공기 속의 이산화탄소가 빗물에 약간 녹아들어요. 빗물이 땅으로 스며들면서 땅속의 이산화탄소가 더 녹아들어 빗물은 약한 산성을 띠게 돼요. 이 산성 빗물은 땅속의 석회암을 서서히 녹이면서 야금야금 먹어치워요.

동굴로 가득 찬 땅

물은 수천, 수백만 년에 걸쳐 땅속 깊은 곳에 빈 공간과 통로들을 만들었어요. 석회암이 많은 지역은 대부분 땅속이 동굴과 구멍으로 가득 차 있어요. 지구과학자들은 이런 곳을 **카르스트 지형**이라고 불러요.

포트홀 또는 돌개구멍이라고 부르는 땅바닥에 생긴 원통형의 깊은 구멍

큰 동굴 방

때로는 강물이 지하의 동굴로 흘러들어 폭포를 만들기도 해요.

땅속에서 흐르는 강물이 더 많은 암석을 녹여 동굴이 더 커져요.

용해된 광물질이 가득 찬
물방울이 떨어져요.

종유석

석순

지하로 들어가다

인간은 지구 곳곳의 동굴들을 탐험하고 지도에 표시해 왔어요. 어떤 동굴들은 서로 연결되어 길이가 수백 킬로미터에 이르기도 해요.

때로는 종유석과 석순이 만나 기둥을 만들어요.

종유석과 석순

동굴 천장에서는 용해된 석회암으로 가득 찬 물방울이 떨어져요. 물방울이 떨어질 때마다 천장에는 석회암이 아주 조금씩 남고 바닥에 떨어진 곳에는 조금 더 많이 남아요.

시간이 흐르면서 천장에 고드름같이 매달려 있는 석회암(종유석이라고 해요)과 땅에서 솟아오른 기둥 모양의 석회암(석순이라고 해요)이 만들어져요.

그냥 궁금해요

지금까지 발견된 동굴 중 가장 깊은 동굴은 동유럽 조지아에 있는 베료브키나 동굴이에요. 입구에서 가장 깊은 곳까지의 거리가 2,212m나 된답니다.

강물은 한동안 땅속에서 흐르다가 다른 곳에서 다시 모습을 드러내요.

지진과 화산

보통 지구의 암석과 지각판은 우리가 알아차리지 못할 정도로 아주아주 느리게 움직여요.
그러나 화산이 폭발하거나 지진이 발생하면 갑작스럽고 극적인 변화를 경험할 수 있어요.

지진이란 무엇일까요?

지진이 발생하면 땅이 갑자기 움직이고 흔들리거나 위아래로 요동쳐요. 강한 지진이 일어나면 건물이 무너지고 땅바닥이 갈라질 수 있어서 재난으로 이어지기도 해요. 또한 지진으로 인해 산사태가 일어나 높은 곳의 흙이나 진흙이 미끄러져 내려와 사람과 집, 자동차를 덮칠 수도 있어요.

지진은 어떻게 일어날까요?

지진은 지각판들의 가장자리가 서로 만나는 곳인 판의 경계에서 발생해요. 판이 서서히 움직이고 이동하면서 판의 가장자리가 서로 만나고 부딪힐 수 있어요. 이로 인해 판 사이의 압력이 높아지다가 갑자기 판이 미끄러져요.

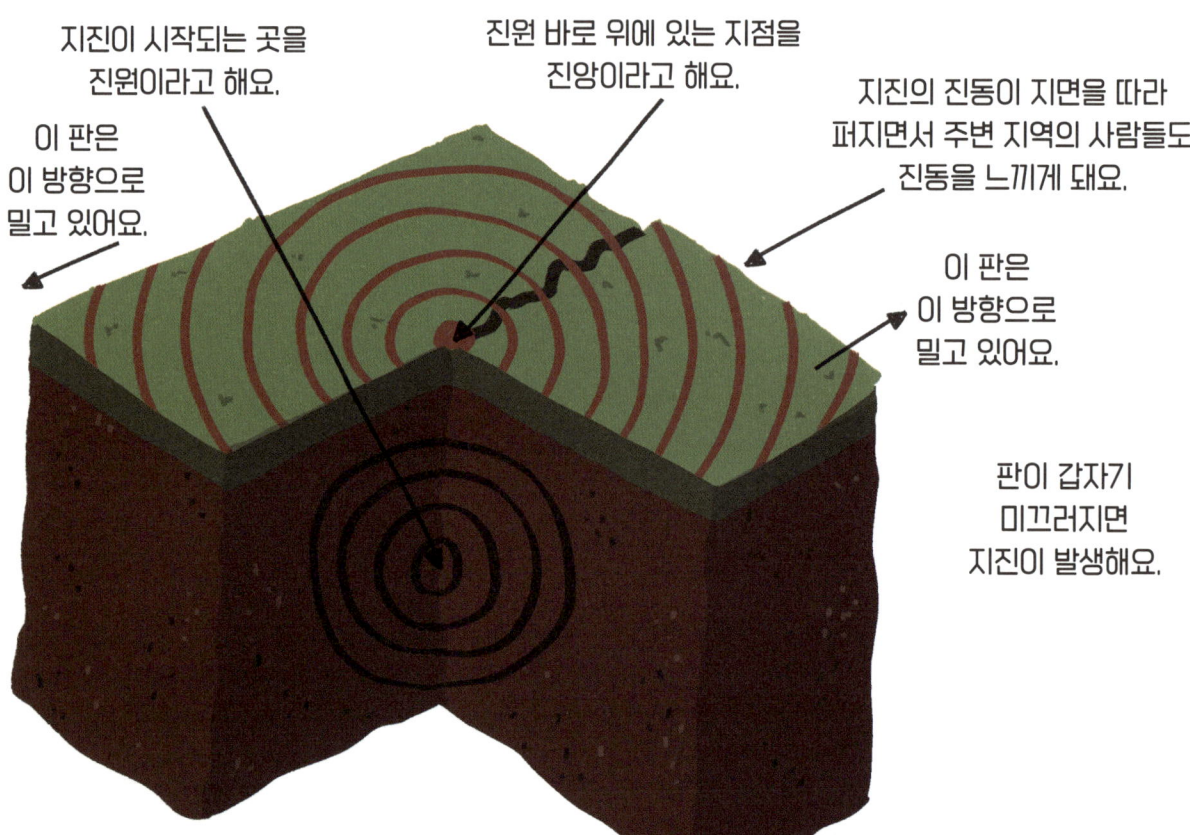

지진이 시작되는 곳을 진원이라고 해요.

진원 바로 위에 있는 지점을 진앙이라고 해요.

지진의 진동이 지면을 따라 퍼지면서 주변 지역의 사람들도 진동을 느끼게 돼요.

이 판은 이 방향으로 밀고 있어요.

이 판은 이 방향으로 밀고 있어요.

판이 갑자기 미끄러지면 지진이 발생해요.

격렬한 화산

화산은 지구 내부에 있는 뜨겁고 녹은 암석이 지각의 틈새나 통로를 통해 빠져나오면서 만들어진 곳이에요.
이런 활동을 화산 분출이라고 해요. 이때 흘러나오는 붉고 뜨거운 녹은 암석을 용암이라고 불러요.

용암이 분출되는 분화구

분기공이라고 부르는 구멍에서는 뜨거운 가스나 수증기가 분출돼요.

화산이 분출할 때마다 더 많은 용암이 옆으로 흘러내린 뒤, 식고 굳어져 단단한 암석이 돼요. 그래서 화산은 시간이 지날수록 점점 더 커져요.

뜨거운 마그마는 지하수를 뜨겁게 덥혀요. 이 뜨거운 지하수는 화산 온천이 되거나 간헐천이 되어 땅 밖으로 뿜어져 나와요.

뜨거운 녹은 암석으로 가득 찬 마그마 방

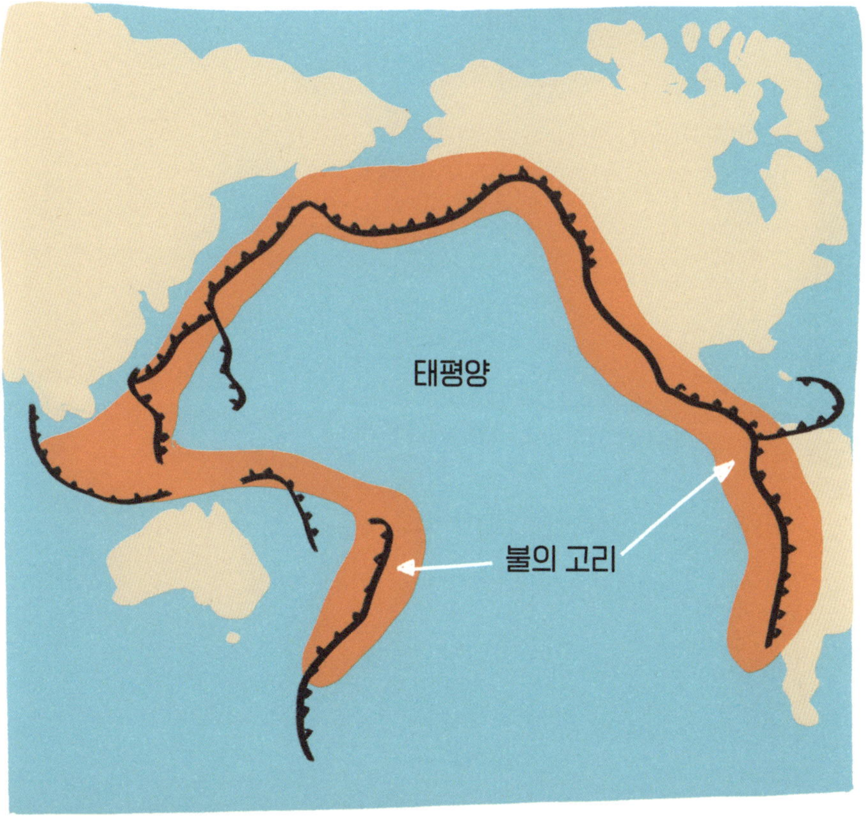

태평양

불의 고리

그냥 궁금해요

지진과 화산은 특히 '불의 고리' 주변에서 자주 발생해요. 불의 고리는 태평양 대부분을 둘러싸고 있는 거대한 원형으로 이루어진 판의 경계들을 말해요.

지구 이야기

27

지질 시대

지질 시대는 지구가 처음 형성되었을 때부터의 역사를 말해요.
지질 시대는 우리 인류의 역사보다 훨씬 더 오래되었으며, 수십억 년 전으로 거슬러 올라가요.

더 아래에 있을수록 더 오래된

퇴적암(21쪽 참조)에는 여러 층이 겹겹이 쌓여 있어요. 우리는 지금도 전 세계의 퇴적암에서 지층이라고 부르는 이런 층들을 볼 수 있어요. 가장 아래에 있는 층이 가장 먼저 형성된 층이기 때문에 과학자들은 이를 이용하여 암석의 생성 연대를 측정할 수 있어요. 이것은 암석 안에서 발견되는 화석에도 적용돼요.

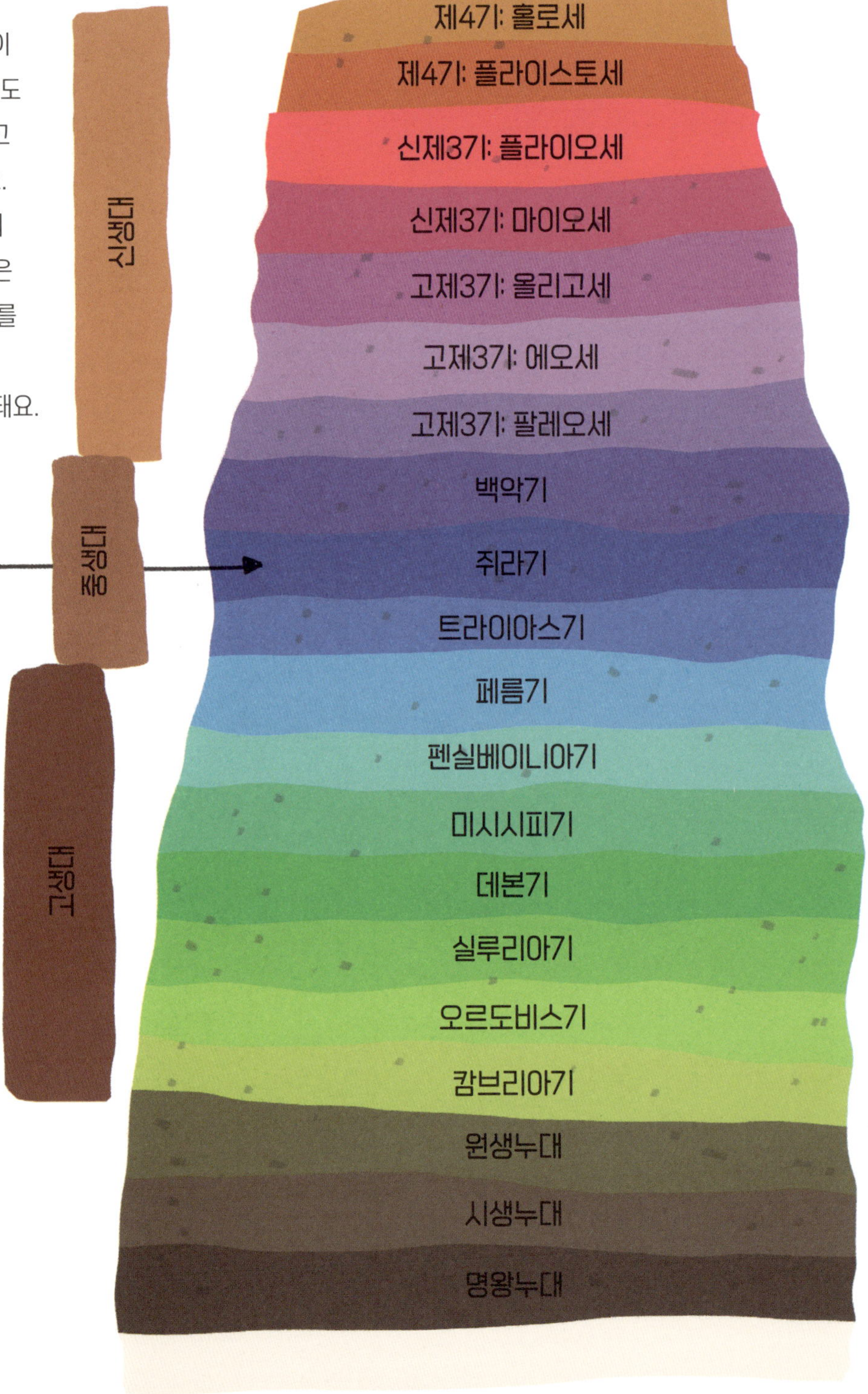

디플로도쿠스 → 중생대 쥐라기

과학자들은 지질 시대를 누대, 대, 기, 세, 절 등 더 작은 시간 단위로 구분해요. 그렇게 하면 어떤 일이 언제 일어났는지 이야기하기가 더 쉬워져요.

예를 들어, 화석을 통해 공룡 디플로도쿠스가 중생대 쥐라기 시대에 살았다고 설명할 수 있지요.

신생대
- 제4기: 홀로세
- 제4기: 플라이스토세
- 신제3기: 플라이오세
- 신제3기: 마이오세
- 고제3기: 올리고세
- 고제3기: 에오세
- 고제3기: 팔레오세

중생대
- 백악기
- 쥐라기
- 트라이아스기

고생대
- 페름기
- 펜실베이니아기
- 미시시피기
- 데본기
- 실루리아기
- 오르도비스기
- 캄브리아기

- 원생누대
- 시생누대
- 명왕누대

1780년대에 지질학자 제임스 허턴은 암석을 연구하여 암석이 매우 천천히 형성되고 변화한다는 사실을 알게 되었어요. 그는 이것이 지구가 아주 오래되었음을 의미한다는 것을 깨달았지요.

지구는 몇 살일까요?

오랫동안 지구의 나이를 정확히 아는 사람은 아무도 없었어요. 어떤 사람들은 지구의 나이가 겨우 수천 년에 불과하다고 생각했어요. 그러나 1700년대에 들어서면서 과학자들은 암석의 형성 과정과 암석의 순환(22쪽 참조), 지층을 연구하면서 지구가 훨씬 더 오래되었다는 사실을 깨달았어요.

공룡은 밤 10시 30분경에 살아 있었어요.

그리고 인간은 자정이 되기까지 1초도 채 남지 않은 순간에 나타났어요.

지구상의 생명체는 새벽 3시에 처음으로 생겨났을 거예요.

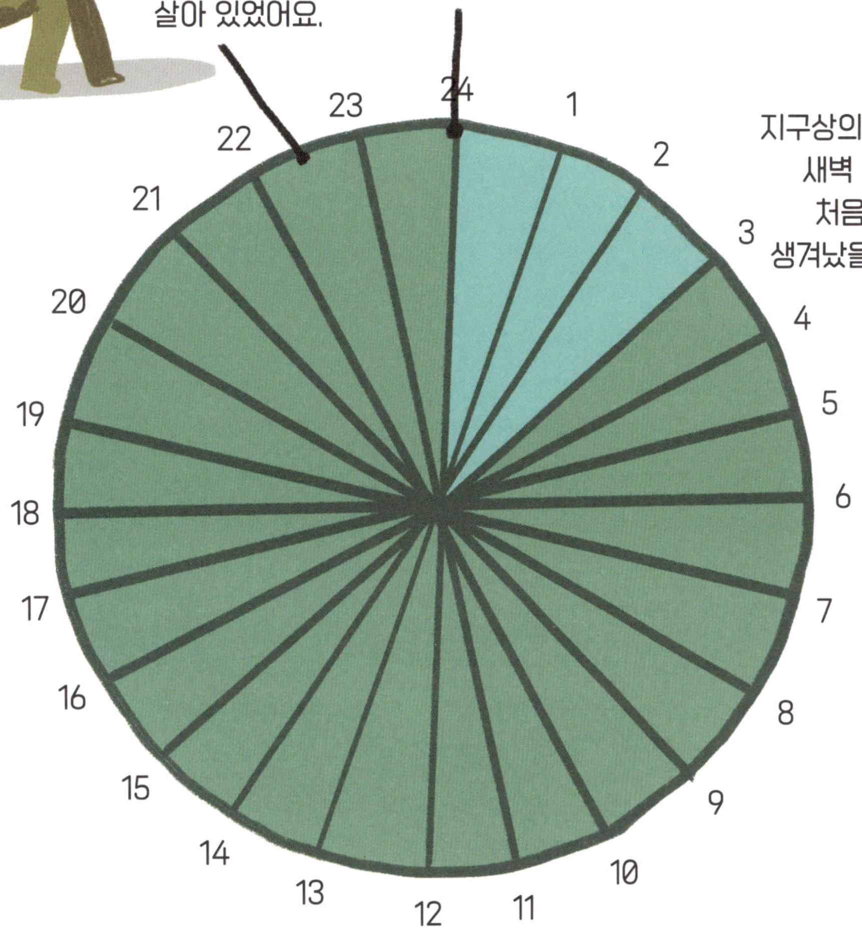

지질 시대 시계

지질 시대가 얼마나 긴 시간인지 상상하기는 어렵지만, 하루 24시간을 표시하는 시계로 생각하고 비교해 보면 도움이 돼요.

지구 이야기

29

2장
물의 세계

지구의 약 71%, 즉 4분의 3 정도가 바다로 덮여 있어요.

물은 땅 위의 연못, 호수, 강 안에도 있고, 암석과 흙 속에도 있으며, 높은 산꼭대기와 극지방에도 얼음이 된 물이 있어요.

심지어 공기 안에도 물이 가득해요! 공기 속 물은 구름과 비, 눈을 만들어요.

물은 지구상의 모든 생명체가 생존하는 데 꼭 필요하므로 매우 중요하답니다.

이 장에서는 물이 어떻게 지형을 만들고, 거대하고 강력한 파도를 형성하며,

끝없이 순환하면서 움직이는지 살펴볼 거예요.

그리고 지구의 물은 맨 처음 어디에서 왔을까요? 지금부터 알아보아요!

물은 어디에서 왔을까요?

지구에는 지구 역사 초기(아마도 약 40억 년 전)부터 물이 존재했어요.
오랜 시간에 걸쳐 서서히 물이 모여 오늘날과 같은 물의 세상이 되었답니다.

🔵 우주에서 온 물

태양계가 아직 형성되고 있을 무렵, 수백만 개의 혜성과 소행성이 젊은 지구에 충돌했어요. 혜성은 일부가 얼음으로 이루어져 있고, 대부분의 소행성에는 물을 구성하는 성분인 수소와 산소가 포함되어 있어요. 그래서 혜성과 소행성이 지구에 충돌할 때마다 지구 표면에 물이 공급되었어요.

🔵 지구 내부의 물

그러나 혜성과 소행성의 충돌만으로는 이렇게 많은 물이 어디에서 왔는지 설명할 수 없어요. 과학자들은 물의 일부가 수소와 산소를 포함하고 있는 지구 내부의 암석에서 나왔다고 생각해요. 화산이 폭발할 때는 보통 용암, 화산재, 암석과 함께 수증기 형태의 물이 뿜어져 나와요. 수증기가 식으면서 **응축**되어 액체 상태의 물로 변하지요. 지구 역사 초기에는 지금보다 훨씬 더 자주 화산 폭발이 일어났고, 지구 표면에 많은 양의 물이 공급되었어요.

🔵 얼마만큼의 물이 있을까요?

바닷가에 서서 바다를 바라보면, 정말 어마어마한 양의 물이 보여요. 전 세계의 바닷물을 모두 합하면 약 13억 3,800만km²에 달해요.

이는 1조(1,000,000,000,000) 개 이상의 수영장 또는 약 7천조 개의 욕조에 물을 가득 채울 수 있는 양이에요!

육지와 대기 중에 있는 물과 얼음으로 얼어붙은 물까지 모두 합하면 13억 8,600만km²가 넘어요.

🔵 공 속의 물

물은 지구의 대부분을 덮고 있지만 지구의 크기에 비하면 아주 얇은 층에 불과해요. 지구상의 모든 물을 공 모양으로 모아서 지구 옆에 놓는다면, 왼쪽 그림처럼 놀라울 정도로 작아 보일 거예요!

물의 순환

지구의 물은 가만히 멈춰 있지 않아요. 물은 '물의 순환'이라고 부르는 거대한 순환 과정 속에서 끊임없이 변화하고 이동해요. 물은 이동하면서 액체 상태의 물, 공기 중의 기체, 고체 얼음 등으로 상태가 바뀌어요.

💧 오른쪽 그림은 물의 순환을 간단하게 나타낸 그림이에요. 물의 순환은 전 세계 곳곳에서 실제로 일어나고 있어요. 어떤 물은 빠르게 이동하지만, 어떤 물은 땅속 암석에 갇히거나 빙하로 얼어붙어 몇 년을 보내기도 해요.

💧 수증기는 하늘 높이 올라가요. 위로 올라갈수록 공기는 더 차가워져요. 그래서 수증기는 응축되어 다시 액체로 변해요. 액체 상태의 작은 물방울은 하얗고 푹신한 모양의 구름을 만들어요.

💧 바다, 호수, 강의 표면에서 물의 일부가 증발해요. 물 분자는 분해되어 공기 속 수증기가 돼요. 물이 따뜻할수록 더 빨리 증발해요.

'물질의 상태'는 사물이 존재할 수 있는 세 가지 주요 상태인 고체, 액체, 기체를 말해요. 물의 경우는 다음과 같아요.

고체 얼음

액체 물

기체 수증기

💧 지구상의 물은 대부분 바다에 있어요.

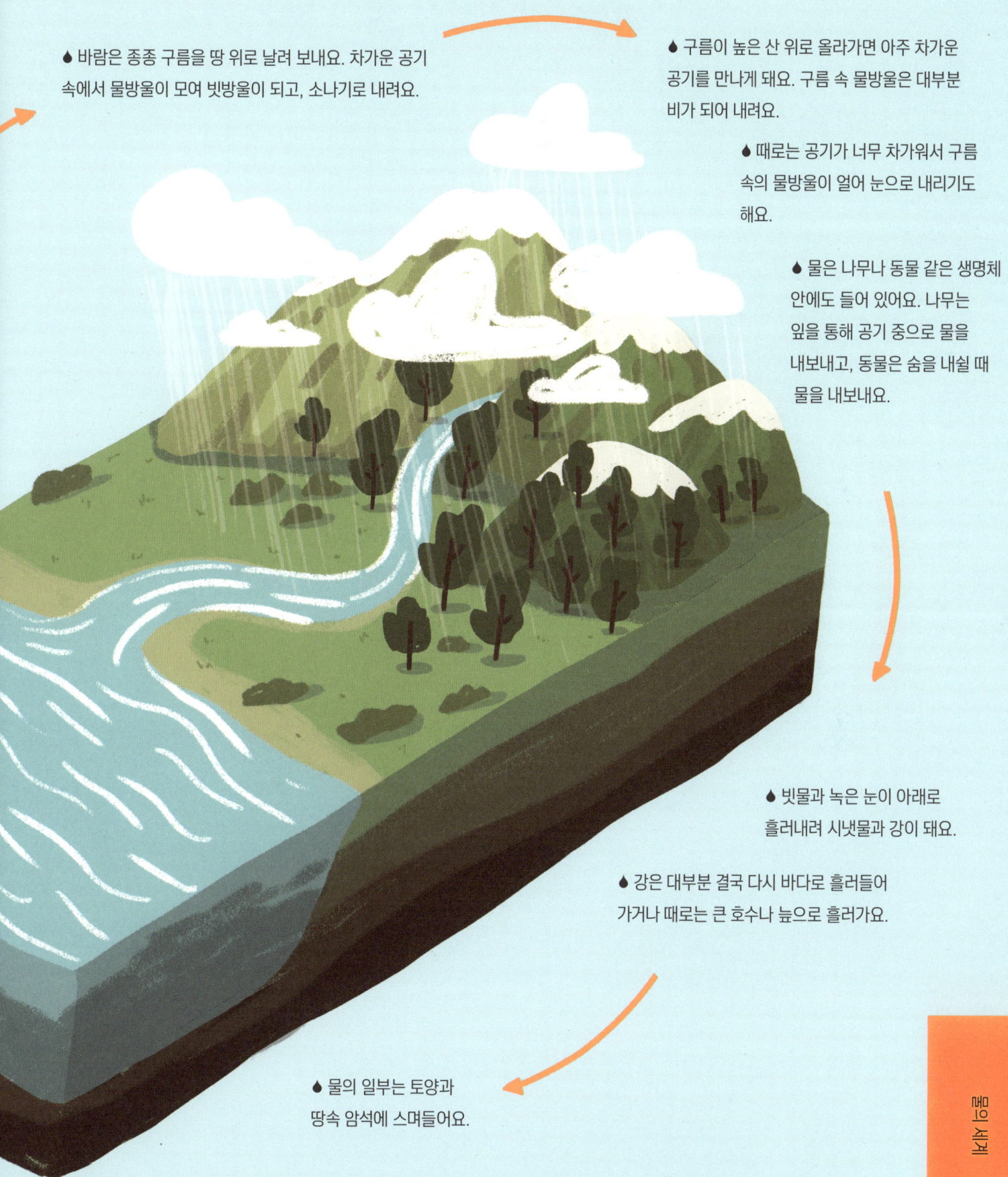

- 바람은 종종 구름을 땅 위로 날려 보내요. 차가운 공기 속에서 물방울이 모여 빗방울이 되고, 소나기로 내려요.

- 구름이 높은 산 위로 올라가면 아주 차가운 공기를 만나게 돼요. 구름 속 물방울은 대부분 비가 되어 내려요.

- 때로는 공기가 너무 차가워서 구름 속의 물방울이 얼어 눈으로 내리기도 해요.

- 물은 나무나 동물 같은 생명체 안에도 들어 있어요. 나무는 잎을 통해 공기 중으로 물을 내보내고, 동물은 숨을 내쉴 때 물을 내보내요.

- 빗물과 녹은 눈이 아래로 흘러내려 시냇물과 강이 돼요.

- 강은 대부분 결국 다시 바다로 흘러들어 가거나 때로는 큰 호수나 늪으로 흘러가요.

- 물의 일부는 토양과 땅속 암석에 스며들어요.

땅속의 물

여러분은 지하수에 대해 별로 들어 보지 못했을 수도 있지만, 지하수는 매우 중요해요.
지구상에 존재하는 담수(염분이 없는 물)는 대부분 땅속에 있어요.
지하수는 암석과 흙에 스며들어 있고, 우물을 파서 지하수를 얻어요!

지하수면

물은 강과 개울을 이루어 지구 표면 위로 흐르기도 하지만, 일부는 땅속으로 스며들어요. 바다나 호수에 있는 물과 마찬가지로 지하수도 중력의 영향을 받아요. 중력이 물을 아래로 끌어내려서 물은 지하의 암석들 속을 평평하게 채워요. 지하수가 있는 지층의 맨 위 표면을 지하수면이라고 해요. 지하수면은 비의 양에 따라 오르락내리락할 수 있어요.

물을 포함하고 있는 지하의 암석층을 대수층이라고 해요.

어떤 곳에서는 지하수가 지표면의 움푹 파인 곳을 채워 호수를 형성하기도 해요.

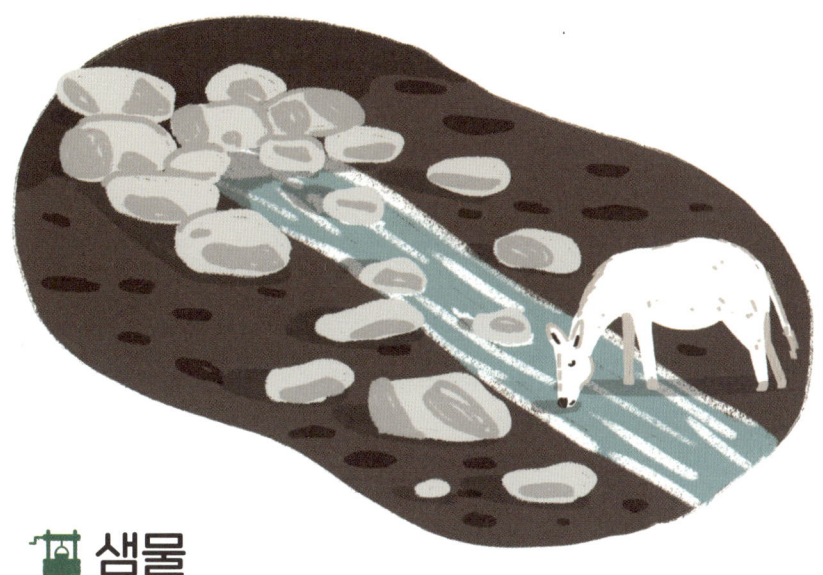

샘물

샘은 지하수가 자연적으로 땅에서 솟아 나오는 곳이에요. 샘은 비다공성 암석층(물이 통과할 수 있는 틈이나 구멍이 없는 암석층) 위에 다공성 암석층(물이 스며들 수 있는 틈이나 구멍이 있는 암석층)이 있는 곳에서 형성돼요. 더는 아래로 스며들지 못한 물은 옆으로 흐르기 시작하고, 계곡이나 산비탈에 이르면 샘물로 솟아나기도 해요.

적합한 종류의 암석

모든 암석이 물을 저장할 수 있는 것은 아니에요.

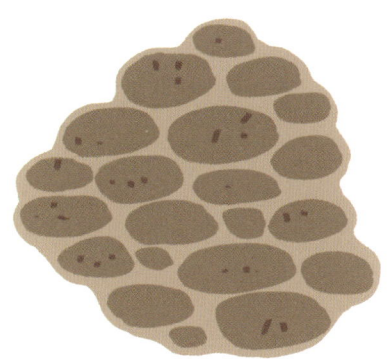

사암이나 백악(석회암의 한 종류) 같은 **다공성 암석**은 작은 입자들로 이루어져 있으며, 입자들 사이에 틈이 있어 물이 스며들 수 있어요.

화강암이나 대리석 같은 **비다공성 암석**은 서로 맞물린 입자로 이루어져 있어요. 입자들 사이에는 틈이 거의 없어서 물이 스며들 수 없어요.

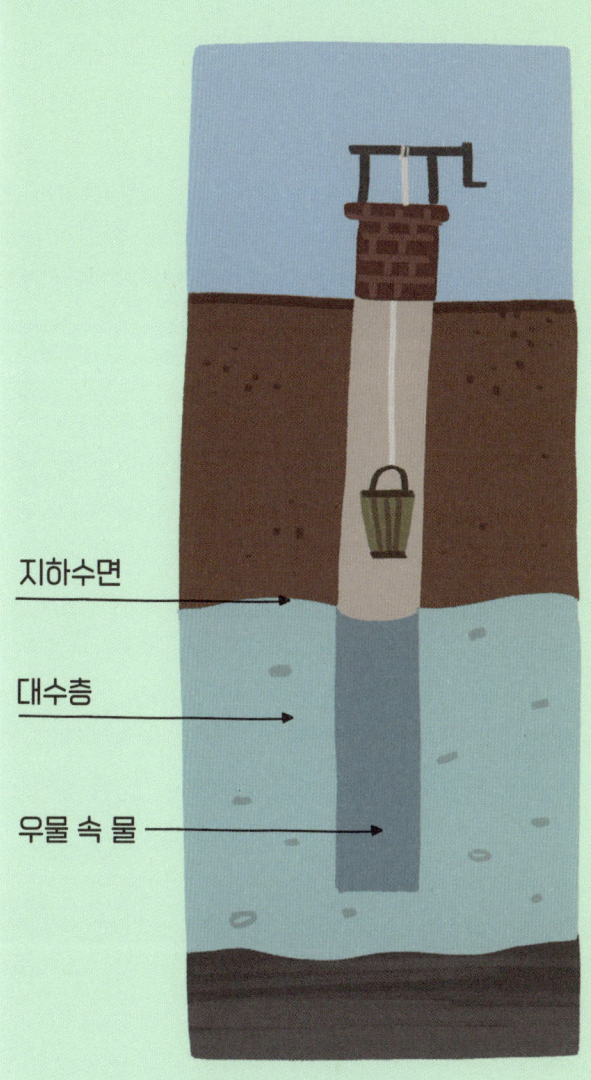

지하수면
대수층
우물 속 물

우물 속으로!

우물은 지하수를 모으기 위해 땅속 깊이 구멍을 판 거예요. 우물에 지하수를 모으려면 **대수층**까지 파 내려가야 해요. 기본적인 우물은 양동이를 아래로 내려 물을 퍼 올리는 형태예요. 현대식 우물에는 대부분 펌프를 설치해서 펌프로 끌어 올린 물이 수도꼭지로 나오게 해요.

강과 호수

강과 호수에 담긴 물은 지구상의 물 중 극히 일부에 불과하지만, 육지 생물에게 꼭 필요해요. 동물과 인간에게 깨끗한 마실 물과 목욕할 물을 주고, 모든 생물에게 서식지를 제공해 주지요. 낚시를 하거나 사람 또는 물건을 실어 보낼 때도 강과 호수를 이용해요.

강의 체계

강은 대부분 산속 작은 개울에서 시작돼요. 개울이 계곡으로 흘러내리면서 서로 합쳐져서 더 큰 개울이 되었다가 큰 강이 돼요. 강과 그 지류(큰 강으로 흘러드는 개울과 시내)의 지도를 보면, 마치 줄기가 있고 잔가지가 많은 나무처럼 보여요.

바다로

강은 평평한 땅 위로 흐르면서 속도가 느려지고 폭이 넓어져요. 바다 근처에 다다르면 삼각형 모양의 **삼각주** 또는 넓은 **강어귀**로 퍼져 나갈 수 있어요.

개울
강
강어귀

기록을 깨다

세계에서 가장 큰 강과 호수는 엄청나게 커요!

- 남아메리카의 아마존강은 세계에서 가장 큰 강으로, 가장 많은 양의 물을 운반해요. 비가 많이 오는 우기에는 강폭이 최대 40km에 달해요.
- 아프리카의 나일강은 가장 긴 강으로, 중앙아프리카의 산맥에서 지중해까지 약 6,650km나 뻗어 있어요.
- 중앙아시아의 카스피해(실제로는 호수)는 가장 큰 호수예요. 카스피해의 길이는 약 1,200km나 되고 노르웨이 크기와 비슷해요.

? 그냥 궁금해요

지구에서 가장 깊은 호수는 러시아의 바이칼호예요. 가장 깊은 지점은 수면에서부터 1,642m 아래까지 내려가요. 세계에서 가장 높은 건물인 두바이의 부르즈 할리파(828m)를 담그고도 남을 만큼 깊지요!

놀라운 호수

호수의 물은 대부분 소금기(염분)가 없는 민물(담수)이지만, 이스라엘과 요르단에 걸쳐 있는 사해처럼 염분이 많은 호수도 있어요. 이 호수는 해수면으로부터 약 430m 아래의 뜨거운 사막에 있어요. 이렇게 낮은 곳에 있기 때문에 강물이 호수로 흘러 들어오지만 나가지는 못해요. 대신 기온이 높아서 물이 쉽게 증발하는데, 이때 암석에서 물에 녹아들어 간 소금이 그대로 남아요. 사해의 물은 바닷물보다 최소 5배 이상 염분이 많아요. 그래서 사해의 물은 밀도가 높아 물에 뜨기 쉬워요.

바다와 대양

전 세계 어느 해안에서든 배를 타고 다른 해안으로 갈 수 있어요.
바다와 대양은 모두 연결되어 있고, 지구의 모든 대륙은 물로 둘러싸여 있어요.

연안 해저 지역

바다는 해안에 가까울수록 얕고, 해안에서 멀어질수록 점점 더 깊어져요. 수백만 년에 걸쳐 진흙, 흙, 암석이 육지에서 바다로 떨어지거나 강물을 따라 바다로 운반되기 때문이에요. 이런 것들이 바다에 쌓여 대륙붕이라는 수중 구조를 형성해요.

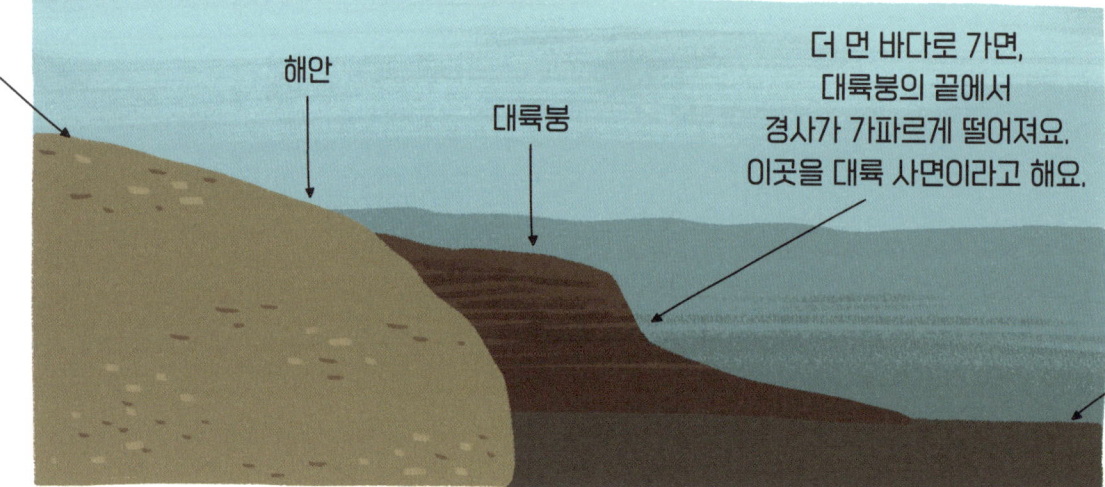

바닷물은 왜 짤까요?

바닷물이 짠 이유는 빗물과 강물이 육지로 흐르면서 암석에 있는 염분과 기타 광물이 녹아들기 때문이에요. 물에 녹아든 염분과 기타 광물이 바다로 운반되고, 바다 표면에서 물이 증발하면 염분(소금)이 남게 돼요.

바닷물에는 우리가 음식에 사용하는 소금의 일종인 염화나트륨이 많이 함유되어 있어서 짠맛이 나요.

사람들은 얕은 웅덩이에 바닷물을 가두고 증발시켜서 바닷소금을 얻어요.

해저 지도 만들기

바닷속 여러 곳의 깊이를 측정하여 해저 지도를 만들 수 있어요.

옛날에는 밧줄에 추를 매달아 바닥에 닿을 때까지 내리는 방법으로 바다의 깊이를 측정했어요.
오늘날에는 **음파 탐지기**를 사용해요. 음파를 쏘고, 바닥에 닿은 음파가 다시 돌아오는 데 걸리는 시간을 측정하지요.
바다의 깊이를 측정할 수 있는 인공위성도 있어요.

이 해저 지도는 인도양의 일부를 보여 줘요.

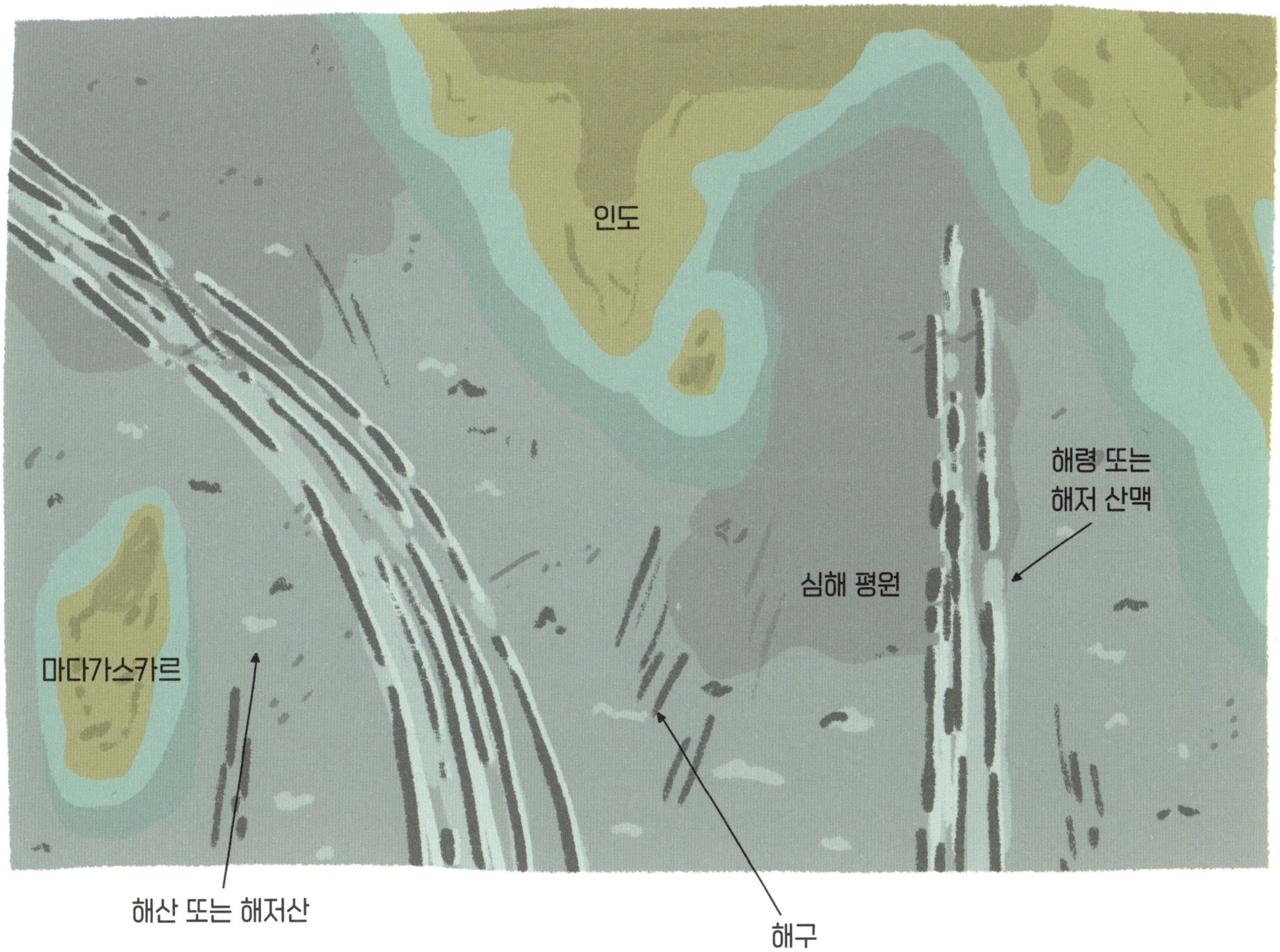

- 인도
- 해령 또는 해저 산맥
- 심해 평원
- 마다가스카르
- 해산 또는 해저산
- 해구

그냥 궁금해요

바다에 있는 광물은 소금뿐만이 아니에요.
바닷물에는 칼슘, 탄소, 철, 심지어 약간의 은과 금을 포함하여 다른 광물도 많이 있답니다.

바다의 깊이

바다는 햇빛이 닿을 정도로 얕은 곳부터 수면 아래 가장 깊은 해구에 이르기까지 깊이가 다양해요. 과학자들은 바다를 깊이에 따라 몇 개의 구역으로 나눠요.

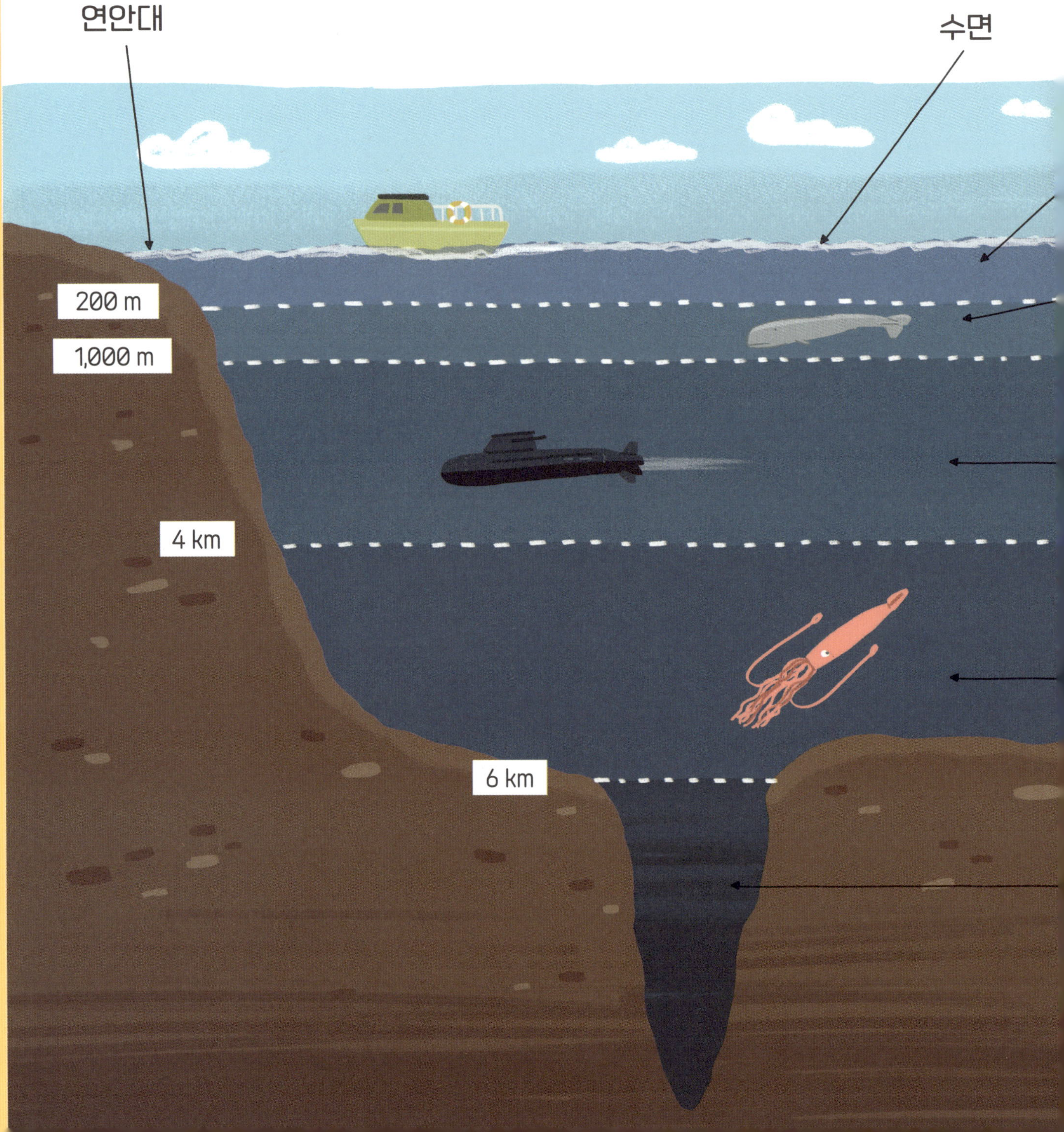

연안대

수면

200 m

1,000 m

4 km

6 km

🌊 아래로 내려가 봐요

여러분이 해변에 서 있다면, 연안대에 있는 거예요. 이 구역은 **대륙붕** 위에 있는 바다의 얕은 부분이에요. 여기에는 밀물과 썰물 그리고 부서지는 파도의 영향을 받는 해안과 바다의 일부가 포함돼요.

해안에서 멀리 떨어진 넓은 바다를 원양대라고 하며, 깊이에 따라 5개의 구역으로 구분해요.

표해수대(햇빛 구역)

수면에서부터 200m 아래까지의 가장 따뜻하고 밝은 구역이에요. 햇빛이 물에 닿기 때문에 식물과 플랑크톤을 비롯한 다양한 바다 생물이 여기에 살고 있어요.

중층원양대(황혼 구역)

수심 200~1,000m의 이 구역은 햇빛 구역보다 더 차갑고 어둡지만, 여전히 약간의 햇빛을 받아요. 이곳에서는 많은 물고기와 심해 고래를 볼 수 있어요.

상부 심해저대(자정 구역)

수심 1,000m 아래에서는 햇빛이 물속까지 닿지 못하기 때문에 바다가 완전히 어두워요. 매우 차갑고 바다 생물도 적어요. 이곳에 사는 생물들은 대부분은 스스로 빛을 낼 수 있어요.

심해저대

수심 4,000~6,000m 사이에는 심해저 평원이라고 하는 넓은 해저 지역이 있어요. 이곳은 어둡고 매우 차가우며 수압이 엄청 높아요.

초심해저대

수심 6,000m부터 깊은 바닷속 해구의 바닥까지, 이 구역은 지구상에서 가장 탐사가 덜 된 곳 중 하나이지만 여기에도 일부 바다 생물이 살고 있어요.

🌊 뜨거운 물

바닷속 깊은 곳에는 열수분출구라고 불리는 구멍을 통해 해저 아래의 뜨거운 물이 쏟아져 나오는 곳도 있어요. 이 뜨거운 물에는 용해된 광물질이 가득해요. 이 광물질들은 열수분출구 주위에 쌓여 블랙 스모커라고 불리는 굴뚝 모양을 만들어요.

? 그냥 궁금해요

초심해저대의 수압은 잠수함을 부숴 버릴 정도로 강해요. 그러나 우리는 초강력 잠수함을 만들어서 가장 깊은 곳까지 탐사할 수 있답니다.

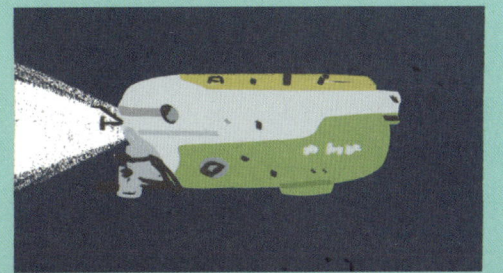

파도와 쓰나미

강, 호수, 바다는 대부분 액체 상태의 물로 이루어져 있어서 흐르고, 튀어 오르고, 물결을 일으킬 수 있어요.
파도는 물의 표면에서 생기는 물결이자 움직임이에요. 대양에서는 파도의 크기가 엄청나게 커질 수 있어요!

파도는 어떻게 만들어질까요?

파도는 보통 물 위로 가로질러 불어오는 바람이 수면을 밀면서 형성돼요. 컵 속의 물에 호~ 하고 입김을 불면 잔잔한 물결이 일어나는 것을 볼 수 있지요. 바다나 큰 호수처럼 수면이 넓은 곳에서는 파도에 바람이 계속 불면서 파도가 점점 더 커져요. 바다의 파도는 때로 6층 건물의 높이인 20m가 넘기도 해요!

먼바다에서는 파도가 수면을 가로질러 이동하여 물이 위아래로 움직여요. 보트와 배는 파도를 타고 지나갈 때 좌우로 기울어지고 흔들려요.

서퍼들은 해안에 접근하는 파도의 앞쪽 경사면을 타요.

얕은 물에서는 파도가 밀려와 부서져요.

파도는 어떻게 부서질까요?

파도가 얕은 물에 도달하면 파도의 아래쪽은 바닥에 끌려 속도가 느려지는 반면, 위쪽은 더 빠르게 앞으로 나가게 돼요. 그래서 파도는 앞쪽으로 구부러져 말리면서 부서지게 되지요.

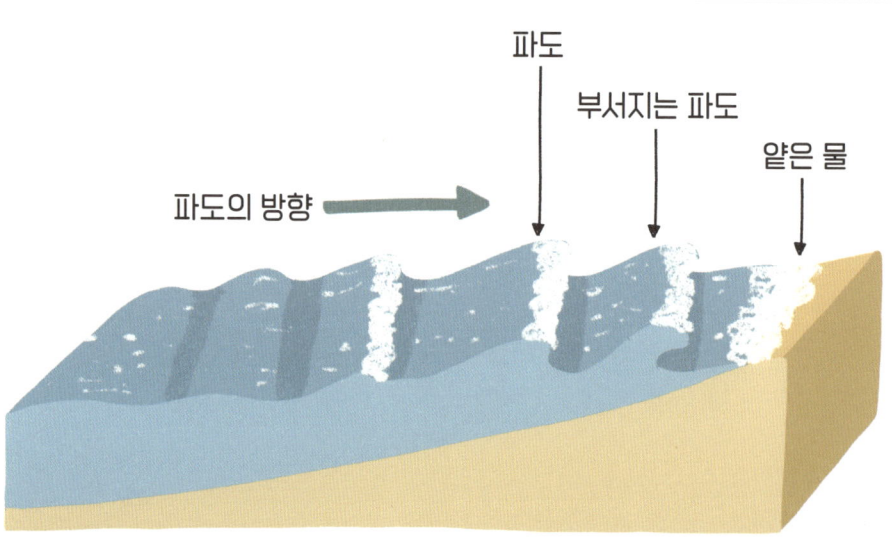

파도의 방향 → 파도 / 부서지는 파도 / 얕은 물

쓰나미

큰 파도는 많은 에너지를 동반하기 때문에 매우 위험할 수 있어요. 배를 침몰시키고 사람들을 휩쓸어 버릴 수도 있지요. 가장 큰 물결인 **쓰나미**는 특히 더 위험해요.

쓰나미는 바람 때문에 일어나는 것이 아니라, 어떤 갑작스러운 움직임으로 인해 바닷물이 갑자기 흔들릴 때 발생해요. 그러면 마치 연못에 조약돌이 떨어졌을 때 물결이 사방으로 퍼지는 것처럼 초대형 물결이 생겨요. 해저에서 지진이 발생하거나, 바다로 무너져 내리는 산사태가 일어나거나, 바다 근처에서 화산이 폭발하는 경우 모두 쓰나미를 일으킬 수 있어요.

1. 해저 지진은 바다의 물을 움직여 거대한 물결을 일으켜요.

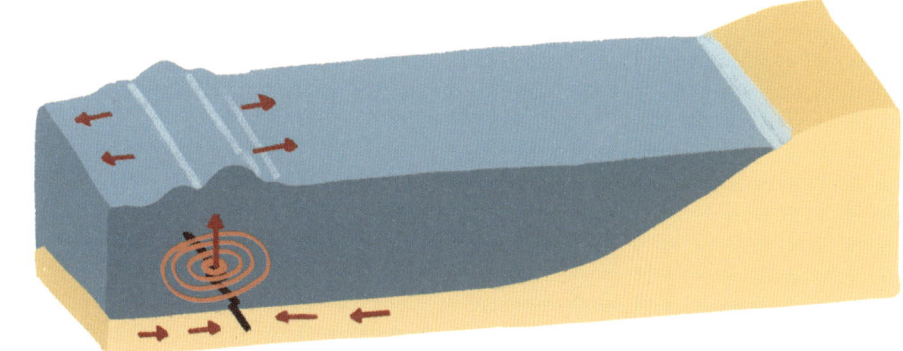

2. 쓰나미는 보통의 파도보다 더 거대하고 넓으며, 바다를 가로질러 매우 빠르게 이동해요.

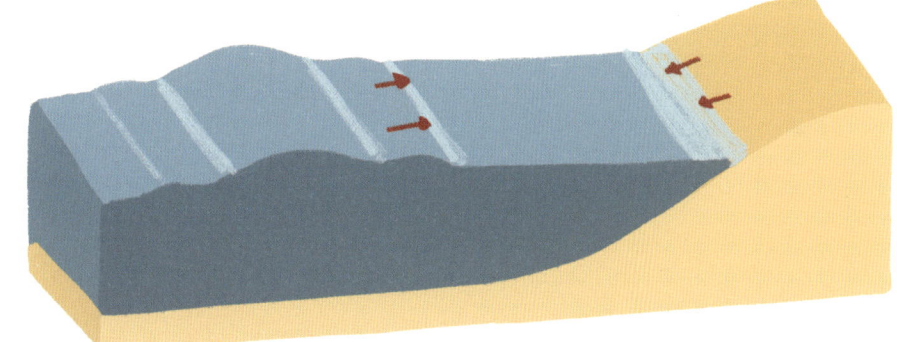

3. 쓰나미는 해안에 도달하면 속도가 느려지고 쌓이기 시작하여 더 높아져요. 쓰나미는 부서지지 않고 육지로 멀리 흘러가 사람과 차량, 건물을 휩쓸어 버릴 수 있어요.

얼음과 빙하

0°C 이하에서는 액체 상태의 물이 고체인 얼음으로 얼어붙어요.
북극과 남극 주변, 높은 산, 산맥과 같이 매우 추운 곳은 일 년 내내 얼음으로 덮여 있어요.

얼음 지역

이 지도에서는 얼음으로 덮여 있는 지역을 볼 수 있어요. 가장 큰 지역은 남극 대륙과 그린란드 대부분을 덮고 있는 거대하고 두꺼운 얼음층인 두 개의 빙상이에요. 이보다 작은 얼음 지역은 보통 높은 산맥의 꼭대기에 늘 녹지 않고 얼어 있는 얼음인 만년설로 덮인 곳이에요. 얼음 지역은 대부분 여름에는 줄어들고 겨울에는 늘어나요.

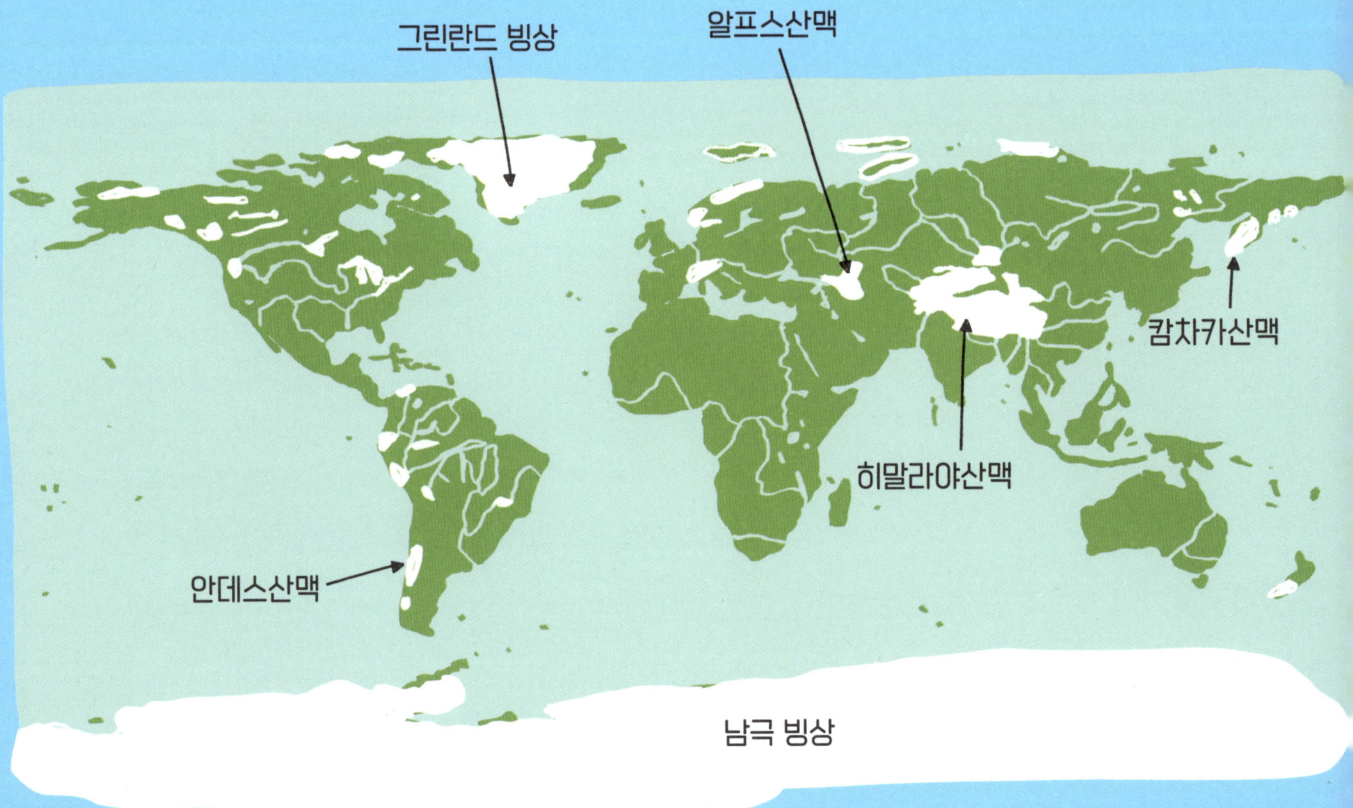

그린란드 빙상

알프스산맥

캄차카산맥

히말라야산맥

안데스산맥

남극 빙상

얼음의 강

빙하는 단단한 얼음으로 이루어진 매우 크고 느린 강과 같아요. 만년설이나 빙상 위에 눈이 내리면, 곧 단단한 얼음으로 뭉쳐져요. 결국에는 얼음이 너무 많아 무거워져서 내리막길을 따라 계곡으로 흘러내리기 시작해요. 아래로 내려갈수록 더 따뜻해지기 때문에 빙하 밑부분의 얼음이 녹기 시작해요. 일부 지역, 특히 남극 대륙에서는 빙하가 육지에서 바다로 흘러나오기도 해요.

빙하는 이동하면서 종종 갈라지고 크레바스라고 불리는 틈이 생겨요.

얼음이 녹고 있는 빙하의 앞쪽 끝부분을 빙하 주둥이, 빙하 발가락 또는 빙하 말단이라고 불러요.

빙산

빙산은 빙하나 빙상에서 떨어져 나와 바다에 떠다니는 커다란 얼음덩어리예요. 빙산은 큰 집 크기부터 작은 나라 크기까지 다양해요! 지금까지 측정된 빙산 중 가장 큰 것은 길이 295km, 너비 37km로 자메이카와 거의 같은 크기예요. 이 빙산의 이름은 B-15이며 2000년 3월에 형성되었어요.

빙산은 점차 따뜻한 물로 흘러 들어가 부서지고 녹아서 사라져요. 빙산의 10%만이 수면 위로 드러나고, 나머지는 물속에 숨겨져 있어요.

섬과 해안

해안선은 육지와 바다가 만나는 곳이에요. 전 세계의 해안선을 연결하면 길이가 100만km가 넘어요. 전 세계 나라 중 4분의 3 정도가 해안선을 가지고 있어요. 노르웨이처럼 작은 나라라도 해안선이 매우 복잡하게 생겼거나 섬이 많다면 해안선이 길 수 있어요.

해안의 모양

해안선은 항상 변하고 있어요. 파도와 밀물, 썰물은 모래와 자갈을 해변으로 밀어내거나 바위와 절벽에 부딪혀 닳아 없어지게 해요. 바다에서 일어나는 이런 일들 때문에 시간이 흐름에 따라 해안의 모양이나 지형이 바뀌어요.

노르웨이해

노르웨이

1. 파도가 연약한 암석을 깎아 낸 곳에 만이 형성돼요.

2. 곶은 더 단단해서 오래 버티는 암석으로 이루어져 있어요.

3. 파도가 해안을 깎아 내면서 절벽이 형성되고, 해안선은 점점 육지 안쪽으로 이동해요.

4. 파도가 절벽 아래를 침식시켜 해식 동굴이 만들어지기도 해요.

5. 부서지는 파도가 곶 아래의 암석을 부수면 해식 아치(sea arch)가 형성돼요.

6. 해식 아치가 무너지면 바다에 홀로 서 있는 해식 기둥(sea stack)이 남게 돼요.

◆ 섬

전 세계 호수, 강, 바다, 대양에는 물로 둘러싸인 아주 많은 섬이 있어요. 작은 외딴 바위부터 (대륙을 제외하고) 세계에서 가장 큰 섬인 그린란드에 이르기까지 다양하지요. 섬은 홀로 있을 수도 있고, 크고 작은 섬들이 무리를 이루고 있기도 해요.

바다에는 크게 두 가지 유형의 섬이 있어요.

마데이라와 같은 **해양 섬**은 깊은 바다에 있어요. 해저에서 솟아오른 산이나 화산의 꼭대기예요.

대륙 섬은 육지에 가깝고 대륙붕의 얕은 물에 있어요.

◆ 해변은 어떻게 만들어질까요?

강물이 흐르면서 모래와 자갈을 바다로 운반해요. 얕은 연안 해역과 비바람이 들이치지 않는 만에서는 잔잔한 파도가 모래와 자갈을 해안으로 밀어내어 해변을 형성해요.

◆ 살기 좋은 곳

밀물과 썰물이 일어나는 지역을 조간대라고 해요. 조간대는 하루에 두 번씩 썰물이 밀려 나가면서 물에 씻겨 나가요. 이곳에는 해초, 게, 모래 밑을 파고 들어가는 벌레, 바위에 달라붙어 사는 조개 등이 서식하고 있어요. 어떤 해양 생물들은 썰물로 물이 빠져나간 후에도 바위 웅덩이에서 안전하게 지낸답니다.

3장
대기와 날씨

대기는 지구를 둘러싸고 있는 기체의 층으로, 중력에 의해 지구 주위에 붙잡혀 있어요.
대기는 우리에게 숨 쉴 수 있는 공기를 주고, 지구를 따뜻하게 유지하며, 하늘이 파랗게 보이게 해요.
대기가 없으면 우리는 살 수 없어요.

대기는 가만히 머물러 있지 않아요. 대기권 안의 공기와 물과 열은 끊임없이 움직이고 소용돌이치며
다양한 날씨를 만들어요. 강을 채우고 농작물에 물을 주는 반가운 비부터 강력한 폭풍우, 눈보라, 대홍수,
심지어 물고기가 소나기처럼 쏟아져 내리는 이상한 현상까지,
우리 삶에서 중요한 역할을 하는 날씨에 대해 알아봐요.

지구의 대기

우주에서 보면 대기는 지구를 둘러싸고 있는 얇고 푸르스름한 피부처럼 보여요.
지구에서 멀어질수록 대기는 점점 줄어들며, 대기가 전혀 없는 우주와의 경계가 대기권의 끝이에요.

외기권
가장 바깥층인 외기권은 주로 수소와 헬륨 같은 매우 가벼운 기체로 구성되어 있고 아주 얇게 퍼져 있어요. 여기에는 숨 쉴 공기가 충분하지 않으며, 전체 외기권은 우주에 있어요.

열권
열권은 우주와의 경계에 있으며,
태양에 의해 가열되어 매우 뜨거워요.

700 km

80 km

중간권
중간권은 대기권의 중간층이에요. 열권에서 대부분의 태양 에너지를 흡수하기 때문에 중간권은 매우 차가워요. 중간권의 맨 위쪽은 영하 90°C 정도까지 내려갈 수 있어요. 우리가 보는 밤하늘의 별똥별은 유성이 중간권에서 공기와의 마찰로 타올라서 나타나는 현상이에요.

50 km

성층권
성층권은 지구 대기권의 두 번째 층이에요. 우리가 타는 비행기는 주로 바람이 많이 부는 대류권보다 위쪽인 하부 성층권에서 날아다녀요.

10-15 km

대기의 층

과학자들은 대기를 몇 개의 층으로 나눠요. 아래 그림에서는 각 층을 명확하게 볼 수 있도록 대기를 실제보다 훨씬 더 두껍게 표현했어요.

공기의 성분

대기의 대부분, 특히 지구에 가까운 아래쪽 층은 공기로 이루어져 있어요. 공기는 기체의 혼합물로, 우리가 숨을 쉴 수 있게 하는 산소를 포함하고 있어요. 공기의 주요 성분은 다음과 같아요.

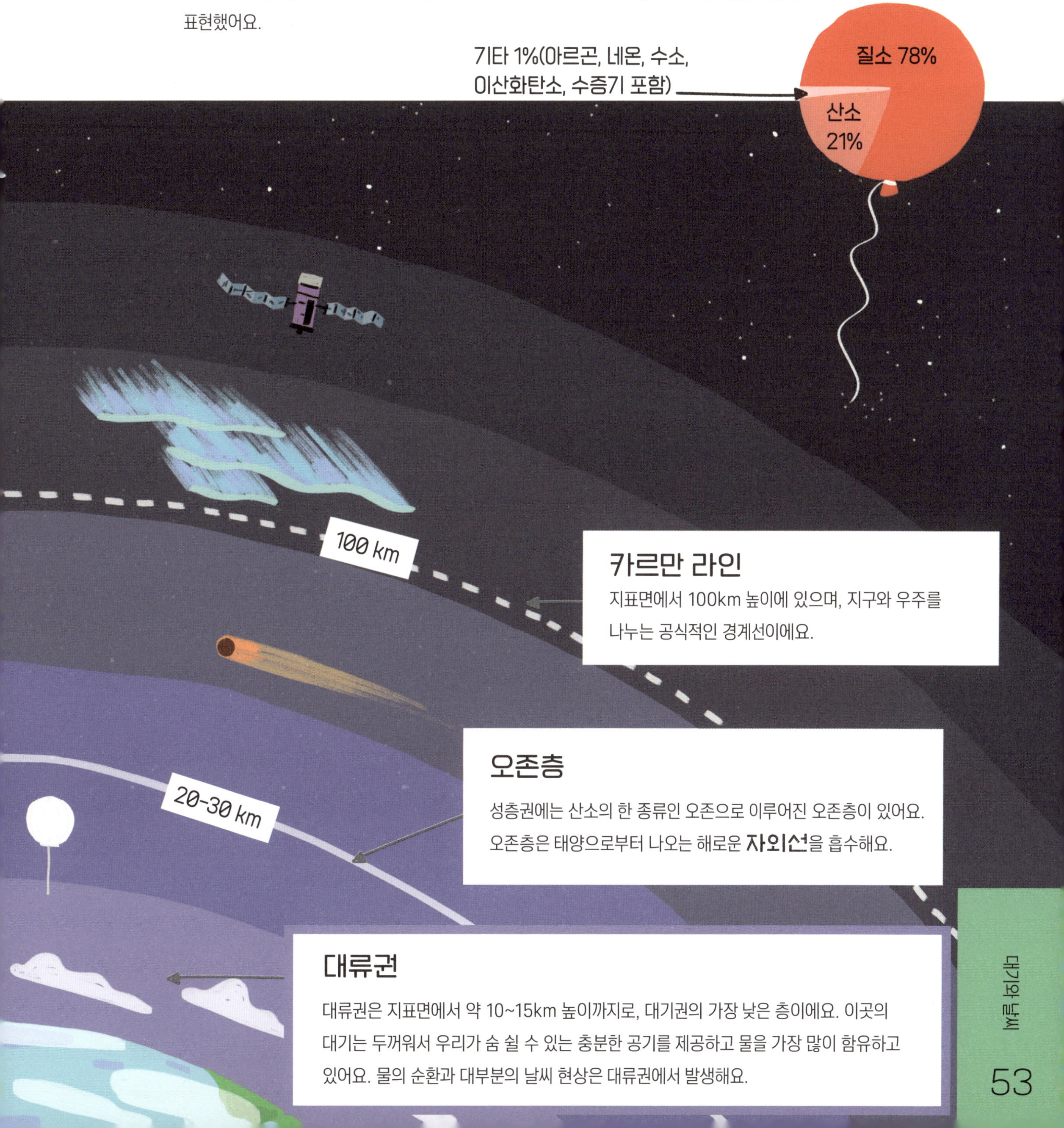

기타 1%(아르곤, 네온, 수소, 이산화탄소, 수증기 포함)

질소 78%

산소 21%

100 km

카르만 라인
지표면에서 100km 높이에 있으며, 지구와 우주를 나누는 공식적인 경계선이에요.

오존층
성층권에는 산소의 한 종류인 오존으로 이루어진 오존층이 있어요. 오존층은 태양으로부터 나오는 해로운 **자외선**을 흡수해요.

20~30 km

대류권
대류권은 지표면에서 약 10~15km 높이까지로, 대기권의 가장 낮은 층이에요. 이곳의 대기는 두꺼워서 우리가 숨 쉴 수 있는 충분한 공기를 제공하고 물을 가장 많이 함유하고 있어요. 물의 순환과 대부분의 날씨 현상은 대류권에서 발생해요.

날씨와 기후

전 세계 어디에든 날씨가 존재해요! 공기, 물, 태양열은 대기 중에서 끊임없이 변화하고 이동하면서 바람, 비, 눈, 폭풍 또는 따뜻하고 화창한 날을 만들어요.
세계 각 지역에는 고유한 기후나 전형적인 날씨 패턴이 있어요.

날씨와 기후는 어떻게 다른가요?

날씨와 기후는 서로 관련이 있지만 같은 것은 아니에요.

- 날씨는 매일매일, 심지어 1분마다 바뀔 수 있어요. 밖에 나가면 날씨가 덥거나 춥거나, 비가 오거나 흐리거나, 바람이 많이 불거나, 눈이 올 수도 있어요.
- 기후는 특정한 지역의 전형적인 날씨 패턴을 뜻해요. 예를 들어 사막은 매우 건조한 기후를 가진 곳이에요. 비나 구름이 거의 없으며 대개 낮에는 매우 덥고 밤에는 더 추워요.

하루 동안에 날씨가 흐리고 비가 오다가 천둥 번개를 동반한 폭풍우가 몰아칠 수도 있어요.
폭풍 구름이 걷히고 나면, 하늘에 무지개가 뜨면서 한동안 맑고 따뜻해지기도 해요.

기후대

전 세계 지역마다 기후가 달라요. 예를 들어 적도에 가까운 지역은 극지방 주변 지역보다 태양열과 빛 에너지를 더 많이 받기 때문에 기후가 더 따뜻해요. 이 지도는 주요 기후대를 보여 줘요.

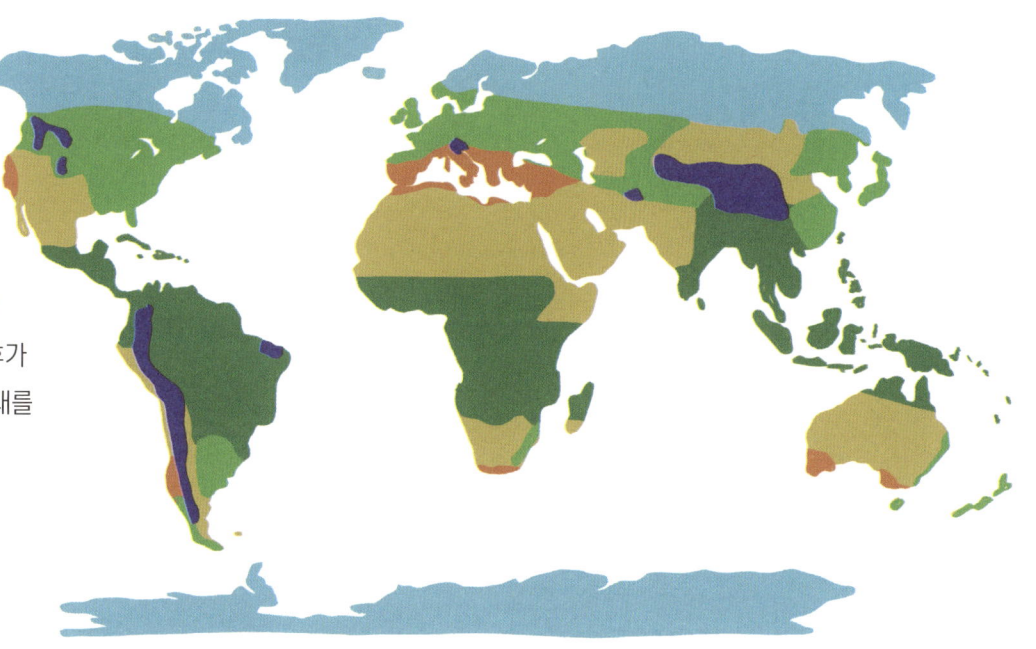

 한대 기후
겨울이 길고 어두우며, 춥고 얼음으로 덮여 있는 기후

 온대 기후
다양한 날씨가 혼합된 중간 기후

 건조 기후
건조한 사막 기후 또는 스텝 기후

 열대 기후
적도에 가까워 덥고 습하며 비가 많이 오는 기후

 지중해성 기후
여름에는 덥고 건조하며 겨울에는 서늘하고 습한 기후

 산악 기후
춥고 바람이 많이 불며 안개가 끼고 눈이 내리는 기후

지역 기후

같은 기후대 내에서도 장소에 따라 고유한 지역 기후를 갖기도 해요.

남아메리카 아타카마 사막의 산악지대는 서늘하고 건조하지만 안개가 자주 끼는 기후를 가지고 있어요.

눈의 숲이라고 불리는 타이가는 북극 주변의 상록수림이에요. 겨울에는 눈이 많이 내리고 여름이 짧은 추운 기후를 가지고 있어요.

태양의 힘

날씨는 대부분 태양 때문에 생겨요. 태양은 빛나면서 열에너지를 내보내요.
이 에너지는 공기를 가열하고 바다에서 물을 증발시켜요. 태양에서 나오는 빛도 날씨에 영향을 미쳐요.

태양이 따뜻하게 해요

태양의 빛에는 우리가 볼 수 있는 가시광선뿐만 아니라 눈에 보이지 않는 **자외선**(UV)과 **적외선**(IR)도 있어요. 적외선은 가시광선과 마찬가지로 에너지 파동 형태로 우주 공간을 이동해요. 적외선이 지구에 닿으면 지구가 따뜻해져요. 태양이 여러분을 비출 때 몸이 따뜻해지는 것을 느낄 수 있는 것과 똑같은 일이 일어나는 거예요.

태양에서 나오는 열

지구에서 나오는 열

열과 공기

땅이 따뜻해지면 그 위의 공기도 따뜻해져요. 따뜻한 공기는 차가운 공기보다 가벼우므로 따뜻해진 공기가 위로 올라가면서 주변의 공기도 함께 움직이게 돼요.

열과 물

햇빛이 바다에 닿으면 표면이 따뜻해져서 바닷물이 더 빨리 증발해요. 그러면 공기 중에 수증기가 더 많아져서 결국 비나 눈이 될 수 있어요.

이처럼 태양은 공기, 물, 열에너지를 끊임없이 이동시켜 날씨를 만들어내요.

무지개는 어떻게 만들어질까요?

무지개는 날씨가 만들어내는 풍경 중 가장 아름다워요. 옛날 사람들은 무지개가 마법 같다고 생각했지요. 사실, 무지개는 떨어지는 빗방울 속으로 햇빛이 들어갔다 나올 때 발생하는 현상이에요.

가시광선은 다양한 파장의 빛으로 이루어져 있고, 각 파장에는 고유한 색이 있어요. 이 파장들이 모두 섞이면 흰색으로 보여요.

하지만 햇빛이 빗방울을 비추면 빛이 공기 중에서 빗방울 속으로 들어가면서 꺾이거나 구부러져요. 이로 인해 빛은 서로 다른 파장과 색깔의 띠로 나누어져요.

빛은 빗방울 내부에서 반사되어 다시 태양을 향해 되돌아가요. 빛은 빗방울 바깥으로 나오면서 다시 굴절되어 더 많이 구부러져요.

내가 보는 것

태양을 등지고 빗방울들을 보고 있으면, 각각의 빗방울은 내가 보는 각도에 따라 서로 다른 색깔로 빛나요. 이 빛들이 모여 둥근 무지개로 나타나요.

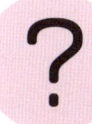

그냥 궁금해요

무지개는 사실 원형이에요! 땅이 가로막고 있기 때문에 반원 모양으로 보이는 것이지요. 하지만 비행기에서는 가끔 완전히 동그란 원 모양의 무지개를 볼 수 있답니다.

대기와 빛

57

구름

하늘을 바라보며 구름이 어떻게 변하는지, 어떤 모양을 만드는지 관찰해 본 적 있나요?
구름은 마치 그 위에 앉을 수 있을 것처럼 부드럽고 푹신해 보여요.
하지만 사실 구름은 물로 이루어져 있어요.

구름은 어디에서 올까요?

먼저, 바다와 호수에서 물이 공기 중으로 증발하여 수증기 또는 기체로 변해요. 수증기는 나무 및 기타 식물과 동물에게서도 나와요.

하늘 높은 곳에서는 기온이 낮아져 수증기가 응축되거나 다시 액체 상태의 물로 변해요. 물은 차가운 표면에서 쉽게 응결하기 때문에 공기 중의 작은 먼지 조각 주위에 응결하여 떠다니는 작은 물방울을 형성해요.

작은 물방울들이 많이 모이면 구름이 돼요. 작은 물방울들이 빛을 많이 반사하기 때문에 구름은 보통 흰색으로 보여요. 햇빛을 차단하면 어둡게 보이고요.

☁️ 구름의 종류

구름은 모양, 형태, 질감에 따라 여러 종류로 구분해요. 온도, 바람, 높이(고도)가 구름의 모양에 영향을 주지요. 하늘에서 볼 수 있는 몇 가지 구름을 살펴볼까요?

권운(털구름)
아주 작은 얼음 결정으로 이루어진 가볍고 엷으며 높은 곳에 있는 구름

권적운(털쌘구름)
높은 곳에 있는 작고 솜털 같은 구름

고적운(높쌘구름)
가는 줄무늬 또는 조각 모양 구름

층적운(층쌘구름)
두껍고 푹신한 구름이 층을 이룬 형태

적운(쌘구름)
따뜻한 날에 흔히 볼 수 있는 솜뭉치 같은 푹신한 구름

층운(층구름)
평평하고 낮게 깔려 담요처럼 하늘을 뒤덮고 종종 비를 내리는 회색빛 구름

그냥 궁금해요
다음에 구름을 관찰할 기회가 생기면 다양한 종류의 구름을 찾아보고 그 종류를 구분할 수 있는지 확인해 봐요. (하지만 태양을 똑바로 쳐다보면 눈이 상할 수 있으니 조심해야 해요.)

하늘에서 내리는 물

위로 올라간 것은 반드시 내려와야 해요! 수증기가 되어 하늘로 올라간 물은 결국 비, 눈, 진눈깨비 또는 우박이 되어 땅으로 되돌아와요. 과학자들은 공기나 하늘에서 내리는 모든 종류의 물을 "강수"라고 불러요.

떨어질 만큼 충분히 커지면

구름은 물방울로 이루어져 있어요. 구름 안의 물방울들은 아주 작아서 공기 중에 떠 있을 수 있어요. 하지만 공기가 차가워지면 점점 더 많은 물이 물방울에 응결되어 물방울들이 점점 더 커져요. 구름 안에서는 이런 일이 일어나요.

1. 응결로 인해 일부 물방울들이 다른 물방울보다 커지기 시작해요.

2. 물방울이 공중에 떠 있을 수 없을 만큼 커지면 아래로 떨어져요.

3. 물방울이 떨어지면서 다른 물방울과 부딪혀 합쳐져요. 물방울의 크기가 0.5mm가 되면 공식적으로 빗방울이 돼요!

4. 그런데 빗방울이 너무 커지면 서로 합쳐지지 못해요. 빗방울의 크기가 약 4~5mm가 되면 다시 갈라져서 추가로 더 작은 물방울을 형성해요.

☂ 우리에게 내리는 비

생각해 보면 하늘에서 맑고 깨끗한 물이 뚝뚝 떨어지는 것은 정말 놀라운 일이에요! 우리는 때때로 비가 오는 것에 대해 불평하지만, 비는 매우 중요하답니다.

비는 강으로 흘러 들어가 우리가 마시고 씻을 물을 공급해 주고 동물들의 서식지가 되어 줘요. 흐르는 강물은 우리에게 전기를 공급해 줄 수도 있어요(122쪽 참조).

비는 먼지, 꽃가루, 오염 물질을 씻어내어 공기를 맑고 깨끗하게 해요.

비는 땅을 적셔 농작물과 다른 식물들이 자랄 수 있게 해요.

하지만 때로는 비가 내려 여러분의 계획이 망가질 수도 있어요.

❓ 그냥 궁금해요

비와 눈 외에도 …

우박: 뇌운(거대한 비구름) 안에서 만들어지는 얼음덩어리

이슬: 밤사이 차가운 땅이나 물체의 표면에 공기 중의 물이 응결되어 맺힌 것

서리: 얼어붙은 땅이나 물체의 표면에 공기 중의 물이 얼어붙어 얼음 결정을 형성한 것

진눈깨비: 부분적으로 얼어붙은 비

☂ 눈송이 만들기

높은 하늘에서 공기가 매우 차가워지면 물방울이 얼어 얼음이 되고 빗방울 대신 눈송이가 만들어져요.

물방울이 얼어붙어 육각형의 얼음 결정이 돼요.

수증기가 얼음 위에 얼어붙어 얼음이 점점 더 커져요. 이런 현상은 얼음의 끝부분과 모서리에서 가장 빠르게 일어나므로 바깥쪽으로 자라나 뾰족한 가지를 만들어요.

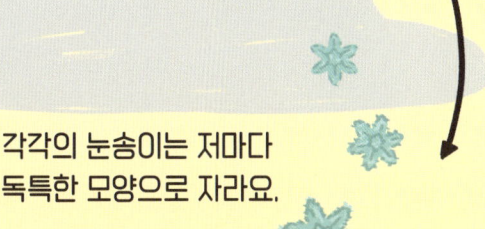

각각의 눈송이는 저마다 독특한 모양으로 자라요.

바람과 폭풍우

바람은 대기 중의 공기가 움직이는 것이에요. 바람은 여름날의 산들바람처럼 부드럽고 온화할 수도 있고, 나무와 자동차, 심지어 건물까지 날려 버릴 만큼 엄청나게 빠르고 강력할 수도 있어요.

 ## 바람은 어떻게 불까요?

바람은 보통 태양의 열에너지 때문에 발생해요.

1. 태양이 땅을 뜨겁게 만들고, 땅은 그 위의 공기를 뜨겁게 만들어요.

2. 따뜻한 공기는 차가운 공기보다 가벼워서 위로 올라가기 시작해요.

3. 따뜻한 공기가 올라가면 차가운 공기가 땅으로 내려와 바람을 일으켜요.

4. 공기가 차가워지면 아래로 가라앉고 퍼져서 더 많은 바람을 일으켜요!

 ## 회오리바람

허리케인 또는 태풍이라고 불리는 열대성 저기압은 거대한 비바람이에요. 태풍은 따뜻한 바다 위에서 많은 양의 물이 증발하여 따뜻한 공기를 타고 하늘로 올라가면서 시작돼요. 이 공기는 하늘로 올라가면서 주변의 습한 공기를 더 많이 빨아들여요. 이것이 안쪽으로 이동하면서 지구가 자전하는 방식에 따라 나선형으로 회전하기 시작해요.

태풍은 소용돌이치는 바람과 구름 덩어리가 되며, 때로는 폭이 최대 1,000km에 이르기도 해요.

태풍은 바다를 가로질러 천천히 이동해요. 태풍이 육지에 도달하면 강한 바람과 폭우로 인해 집이 무너지고 홍수가 발생할 수 있어요.

태풍의 중심부에는 "태풍의 눈"이라고 부르는 맑은 영역이 있어요.

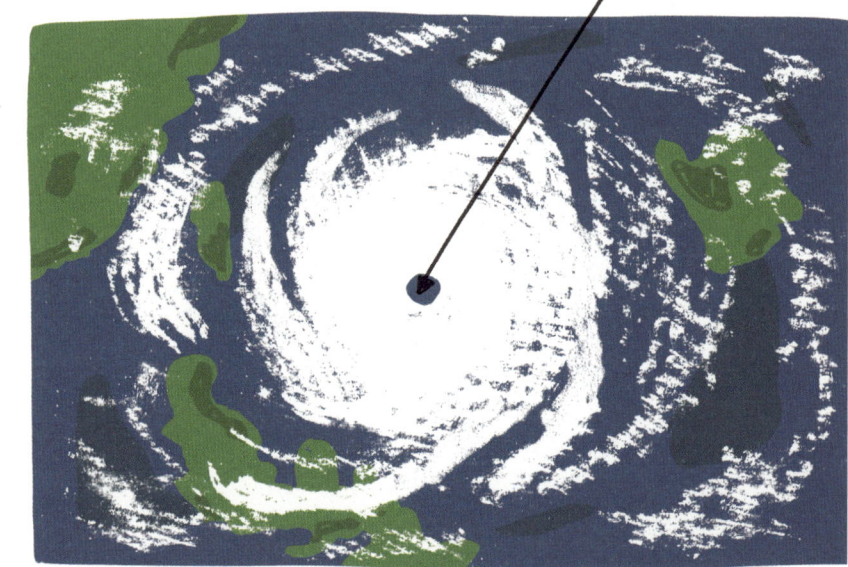

무시무시한 토네이도

가장 강력한 바람은 태풍이 아니라 토네이도예요. 토네이도는 훨씬 작지만 매우 위험한 폭풍우예요. 토네이도는 뇌우에서 형성돼요. 습하고 따뜻한 공기가 빠르게 상승하면서 차가운 공기가 그 주위로 소용돌이를 일으키기 시작해요. 이로 인해 폭이 최대 4km에 이르는 회전하는 회오리바람이 만들어져요.

토네이도는 땅을 가로질러 이동하거나 한 장소에서 다른 장소로 점프하기도 해요. 토네이도의 바람은 나무를 땅에서 뽑아내고, 자동차를 공중으로 띄우고, 건물을 날려 버릴 수 있어요.

그냥 궁금해요

허리케인으로 기록된 가장 빠른 바람은 1996년 호주에서 측정된 시속 408km의 바람이에요.
토네이도 바람은 측정하기가 더 어렵지만 시속 480km 이상이 될 수 있어요!

위험한 날씨

우리는 세상의 많은 것을 통제할 수 있지만, 날씨는 통제할 수 없어요. 기상 이변은 때때로 집을 파괴하고 생명을 앗아가는 자연재해를 일으켜요. 아래 그림은 가장 위험한 기상 재해 8가지를 보여 줘요.

 ## 먼지 폭풍

먼지 폭풍과 모래 폭풍은 바람 때문에 엄청나게 많은 양의 먼지나 모래가 공기 중에 날릴 때 발생해요. 앞을 보거나 숨을 쉬기 어렵게 만들어 사고를 일으킬 수 있고, 먼지나 모래가 가라앉으면서 차와 집을 묻어 버릴 수도 있어요.

 ## 산불

가뭄이나 폭염으로 나무와 식물이 말라 버리면 쉽게 불이 붙을 수 있어요. 산불은 뜨겁고 건조한 숲을 통해 빠르게 번지고 종종 건물도 태워 버려요. 산불은 인간에게 피해를 줄 뿐만 아니라 숲의 서식지를 파괴하고 많은 야생 동물을 죽이기도 해요.

 ## 가뭄

가뭄은 강과 대수층(36쪽 참조)을 채울 만큼 비가 충분히 내리지 않는 건조한 날씨가 오랫동안 계속되는 것을 말해요. 땅이 마르고, 농작물이 죽고, 가축들이 목마르고, 때로는 사람이 살 수 없을 만큼 물이 부족해지기도 해요.

 ## 폭염

폭염은 공기가 점점 더 뜨거워지면서 매우 더운 날씨가 계속되는 것을 말해요. 그리 나쁘게 들리지 않을 수도 있지만, 폭염은 가장 치명적인 재난 중 하나예요. 수천 명의 사람들, 특히 노인과 아픈 사람들은 과열로 인해 사망할 수도 있어요.

🌧️ 홍수

폭우는 땅을 흠뻑 적시고, 강물이 넘치게 하며, 넓은 지역의 땅을 물로 덮어 버릴 수 있어요. 홍수는 사람, 땅, 집들을 휩쓸고 지나갈 뿐만 아니라 농작물을 파괴하고, 가축을 죽이고, 깨끗한 상수원에 오물과 세균을 퍼뜨릴 수 있어요.

산사태

산사태는 많은 양의 흙, 바위 또는 진흙이 갑자기 비탈 아래로 미끄러져 내릴 때 발생해요. 비가 오면 땅이 젖어 더 무거워지기 때문에 산사태가 일어날 가능성이 더 커져요. 산사태는 집을 휩쓸어 가거나 묻어 버릴 수도 있어요.

⚡ 번개

번개는 뇌운 속의 얼음 결정이 전하(물체가 띠고 있는 정전기)를 모을 때 생기는 거대하고 강력한 전기 불꽃이에요. 번개에 직접 맞으면 치명적일 수 있으며 건물, 나무, 차량도 손상될 수 있어요.

🌀 폭풍우

허리케인, 태풍, 토네이도는 지붕을 날려 버리고, 자동차를 날려 버리고, 심지어 마을 전체를 파괴하는 등 재난을 일으켜요.

이상한 날씨

번화한 거리를 걷고 있는데 갑자기 하늘에서 물고기가 떨어져 여러분 주위에서 퍼덕거린다고 상상해 보세요!
놀랍게도 이런 일이 실제로 일어나요. (고양이와 개는 아니지만) 해파리와 개구리 비가 내릴 수도 있어요.
그 밖에도 다양한 종류의 이상한 날씨가 있어요.

동물 비

물고기 비 같은 동물 비는 아주 옛날의 기록에도 남아 있어요. 매우 드문 일이지만 싱가포르, 인도, 캘리포니아, 영국, 헝가리, 일본 등 전 세계 곳곳에서 동물 비가 내린 적이 있어요. 대체 왜, 어떻게 이런 일이 일어나는 걸까요?

하늘로 빨려 올라가다

아마 눈치챘겠지만, 물고기와 개구리, 해파리는 모두 물속 생물이에요. 과학자들은 때때로 강력한 허리케인이나 물 위의 토네이도가 바다나 호수의 물을 공중으로 끌어올릴 수 있다고 생각해요. 물 안에 있던 물고기와 같은 동물이 빨려 올라갔다가 비처럼 다시 떨어지는 거예요.

특이한 구름

구름은 온갖 종류의 재미난 모양을 만들 수 있지만, 특히 더 신기한 모양의 구름들이 있어요. 가끔 산 위에 생기는 렌즈구름은 부드럽고 둥근 모양으로 비행접시처럼 보이기도 해요.

유방구름은 마치 거품이나 주머니가 하늘에 매달려 있는 것처럼 보여요. 그리고 해안 위에 생길 수 있는 두루마리구름은 길고 커다란 소시지나 롤빵처럼 보여요.

불덩어리

일반적인 번개는 하늘에서 밝은 빛이 번쩍이거나 구름과 땅 사이에서 지그재그 모양으로 번쩍이는 전기 불꽃이에요. 하지만 천둥 번개가 치는 동안 탁탁 소리를 내면서 천천히 공중을 떠다니거나 벽과 창문을 통과할 수 있는 빛나는 공 모양 불덩어리를 봤다는 사람들도 있어요. 이것은 때로 '펑' 하는 소리와 함께 폭발하거나 사라지기도 해요.

이 공 모양의 불덩어리를 구상 번개라고 해요. 이런 현상이 어떻게 일어나는지 과학자들도 아직 확실히 알지 못하지만, 뇌우로 인해 발생하는 것으로 보여요. 요즘은 많은 사람이 스마트폰을 가지고 있어서 이 현상이 카메라에 찍히는 경우가 늘고 있으니 곧 그 원인을 알게 될지도 몰라요.

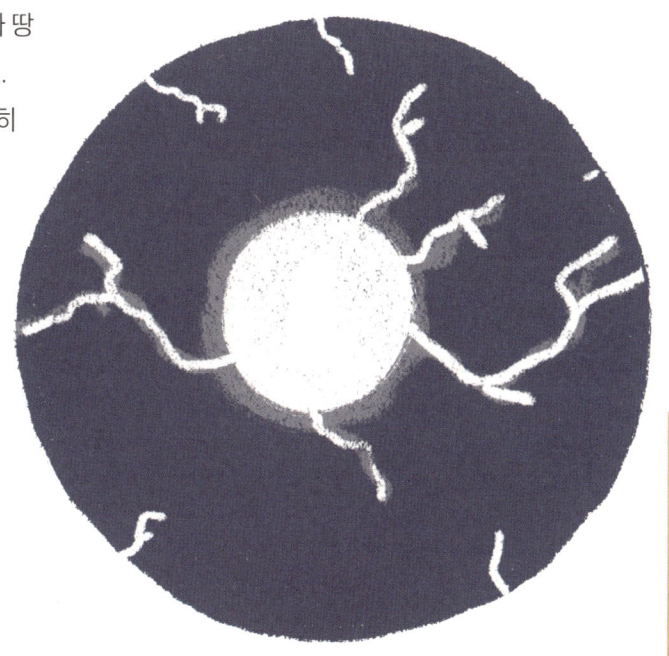

67

 일기 예보

날씨를 통제할 수는 없지만, 날씨가 어떻게 변할지 예측하고 예보할 방법을 찾았답니다.
일기 예보는 우리가 무엇을 입을지, 소풍을 가도 될지 결정하는 데 도움이 되고,
태풍이나 홍수가 발생할 위치를 알려 주어 생명을 구할 수도 있어요.

 데이터 수집

일기 예보를 하려면 많은 데이터가 필요해요. **기상학자**들은 기온, 풍속, 기압, **습도**, 공기 중의 물의 양과 같은 데이터를 모아요. 이들은 지상에서는 측정 장치가 장착된 기상 관측소를 이용하고, 하늘에서는 우주의 인공위성과 대기권으로 높이 띄울 수 있는 기상 풍선을 이용해 데이터를 수집해요.

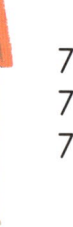

기상학자가
기상 측정 장비가 부착된
기상 풍선을 띄워요.

컴퓨터는 기상 데이터를
지도에 표시하여
어디에서 무슨 일이
일어나고 있는지 보여
주는 데 사용돼요.

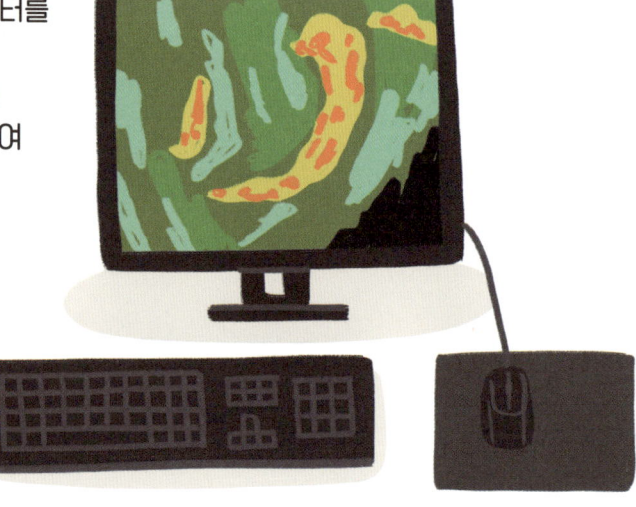

 컴퓨터 계산

다음으로, 기상학자는 수집한 데이터들을 강력한 슈퍼컴퓨터에 입력해요. 슈퍼컴퓨터는 수많은 계산 과정을 통해 데이터를 분석해서 날씨를 예측해요. 예를 들어 데이터에서 바람이 움직이는 패턴을 찾아내면, 바람의 다음 방향과 세기를 계산할 수 있어요.

지금 날씨를 알려 드려요!

마지막으로, 이 모든 정보는 일기 예보의 형태로 만들어져 TV나 라디오에서 방송되거나 신문에 실리거나 날씨 앱에서 사용돼요. 일기 예보는 기온, 바람, 비와 눈, 폭풍, 가뭄, 폭염 등 모든 날씨를 예측할 수 있어요. 일기 예보가 항상 100% 정확한 것은 아니지만, 대개 앞으로 일어날 일에 대해 참고할 만한 정보를 제공해요.

TV 속 기상 캐스터는 바람의 방향을 나타내는 화살표, 눈이나 번개를 나타내는 기호 등 다양한 방법으로 날씨를 알려 주는 기상도 옆에 서 있어요. 이 지도는 고기압과 저기압 지역, 온난전선과 한랭전선 등의 위치를 보여 줘요.

4장
지구의 생명체

우리가 아는 한, 지구는 생명체가 존재하는 유일한 행성이에요. 생물은 지구 어디에나 있어요!
새, 박쥐, 곤충이 하늘을 날고 거대한 고래, 대왕오징어, 수많은 물고기, 게, 산호들이 바다를 가득 채우고 있어요.
얼어붙은 남극에서 메마른 사막에 이르기까지 지구상의 거의 모든 서식지에서는
그곳에서 살아남기 위해 진화하고 적응한 생명체를 발견할 수 있어요.
우주에서 보면 광활한 숲과 초원 덕분에 대부분의 땅이 초록색으로 보여요.
우리 발밑의 흙 속에도 지렁이, 톡토기, 진드기, 수십억 마리의 미세한 박테리아 등
다양한 생명체가 살아 숨 쉬고 있답니다.
지금부터 이 생명체들을 만나 보아요!

 생명은 어떻게 탄생했을까요?

과학자들은 약 38억 년 전에 지구상에 생명체가 출현했다고 생각해요.
지구의 나이가 약 45억 6천만 년이므로
지구 역사상 대부분의 기간 동안 생명체가 존재했다는 뜻이에요.
그러나 항상 지금처럼 다양한 생명체가 있었던 것은 아니에요.

생명체는 어떻게 생겨났을까요?

최초의 단세포가 만들어지기 위해서는 여러 가지 천연 화학 물질들이
열이나 번개에서 나오는 전기와 같은 일종의 에너지와 결합해야 했어요.

이런 일은 바다 밑바닥의 열수분출구에서 나오는 광물이 가득한 뜨거운 물이나
부글부글 끓어오르는 온천 또는 진흙 웅덩이에서 일어났을 수도 있어요.

작고 단순한

지구 최초의 생명체는 오늘날의 **박테리아**와 비슷한 아주 작은 단세포 생물이었어요. 정확히 어떻게 생겼는지는 아무도 모르지만, 아마도 겉껍질이 있고 그 안에 다양한 화학 물질이 들어 있는 거품 같은 모양이었을 거예요.

루카

이것은 모든 생명의 공통 조상(Last Universal Common Ancestor)인 루카(LUCA)라는 생명체에 대한 예술적 표현이에요. 이 단세포 생물이 점차 진화하거나 다른 종으로 발달해서 결국 오늘날 살아 있는 모든 생명체로 이어졌답니다.

진화와 변화

생물은 시간이 지남에 따라 서서히 변화하여 새로운 종, 즉 새로운 생물 유형이 생겨나요. 이 과정을 진화라고 해요. 생명의 역사 초기에 루카는 동물, 박테리아, **고세균**과 같은 새로운 유형의 단세포 생물로 진화했어요.

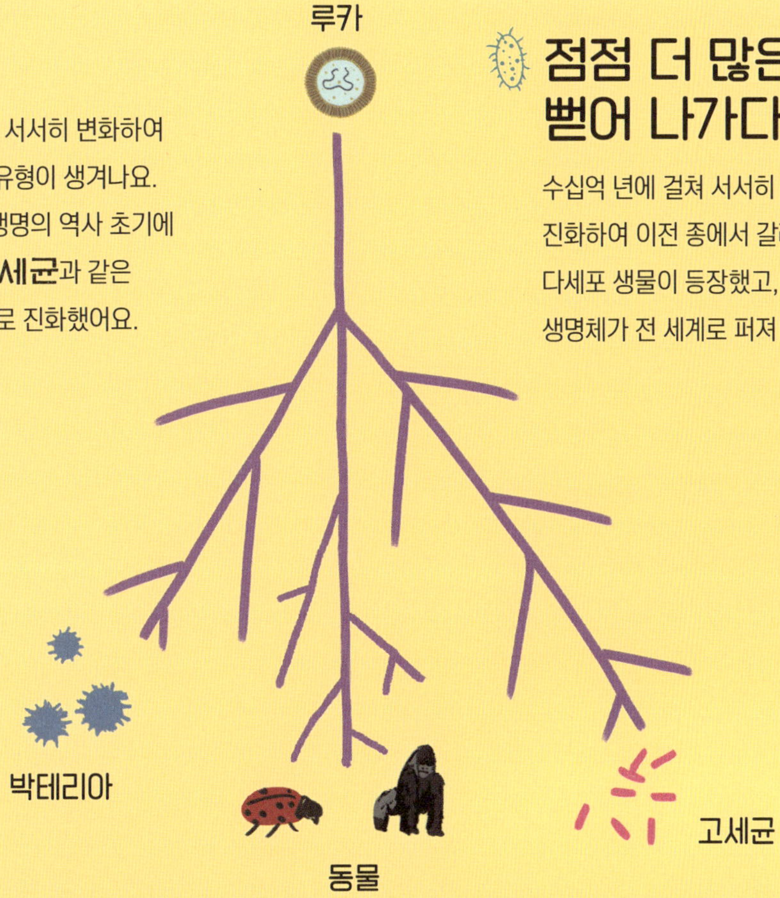

점점 더 많은 가지가 뻗어 나가다

수십억 년에 걸쳐 서서히 점점 더 많은 생물 종이 진화하여 이전 종에서 갈라져 나왔어요. 다세포 생물이 등장했고, 생명체가 전 세계로 퍼져 나갔어요.

루카

박테리아 · 동물 · 고세균

생명의 나무

진화가 일어나면서 새로운 종은 오래된 종으로부터 갈라져 나와요.
그래서 지구의 생명체를 가지가 많은 나무에 비유할 수 있어요.
이를 생명의 나무라고 부르기도 해요.

조류
파충류
어류
고세균

진화의 작동 원리

진화는 세포 안에 있으면서 생명체의 생존과 성장을 조절하는 화학 물질인 DNA 때문에 일어나요. 생명체는 번식할 때마다 자신을 복제해요. 또 세포의 DNA를 복제하여 아기가 부모와 같은 DNA를 갖게 해요.

그러나 때로는 복제 과정이 잘못되어 DNA에 변화가 생길 수 있어요. DNA는 생명체의 생김새와 작동 방식을 제어하기 때문에 때때로 새로운 종이 되는 새로운 유형의 생명체를 만들 수 있어요.

수백만 개의 가지

생명의 나무에는 오늘날에도 여전히 살아 있는 종과
공룡처럼 멸종한 종 등 지금까지 존재했던 모든 종이 포함돼요.
이는 수백만 종에 달해요!
생물 종 모두를 보여 주는 나무를 그리기는 불가능할 거예요.
대신 이 나무 그림은 생물의 주요 그룹과 그중 몇 가지 예를 보여 줘요.
인간을 찾을 수 있나요?

🌱 가족과 친척

생명의 나무에는 진짜 나무처럼 여러 개의 큰 가지가 있고, 그 가지들은 여러 개의 작은 가지와 잔가지들로 갈라져 있어요. 같은 가지에 있는 생물들은 멀리 떨어진 가지에 있는 생물보다 더 가까운 관계에 있어요.

예를 들어, 인간은 포유류예요. 인간은 고릴라나 말과 같은 다른 포유류와 작은 가지를 공유하고, 새나 물고기와 같은 다른 척추동물과는 더 큰 가지를 공유해요. 하지만 나무나 해파리 같은 것들은 우리와 비슷하지 않기 때문에 완전히 다른 가지에 있지요.

나무를 살펴보면서 밀접하게 관련된 다른 그룹들을 찾아보세요.

포유류
양서류
척추동물 (등뼈가 있는 동물)
무척추동물 (등뼈가 없는 동물)
균류
식물
박테리아
동물
루카, 모든 생명의 공통 조상

미생물

미생물은 현미경을 통해서만 볼 수 있는 가장 작은 종류의 생물이에요.

우리 눈에 보이지는 않지만 우리 주변에는 수십억, 수백억 개의 미생물이 존재해요.

이들은 흙과 물, 우리 집, 그리고 다른 생명체에 기생해서 살고 있어요.

미생물을 만나 봐요!

세상에는 수천 종의 다양한 미생물이 있으며, 아직 발견되지 않은 미생물이 더 많아요.
다음은 미생물의 주요 유형이에요.

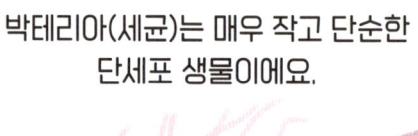

박테리아(세균)는 매우 작고 단순한 단세포 생물이에요.

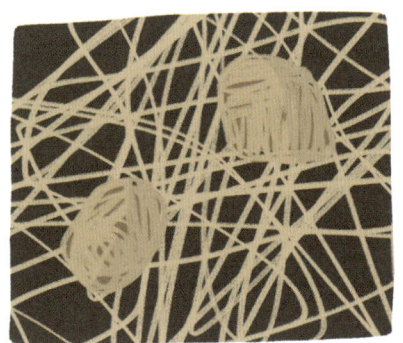

고세균은 박테리아와 비슷해요.

효모는 단세포 균류이며 버섯, 곰팡이와 관련이 있어요.

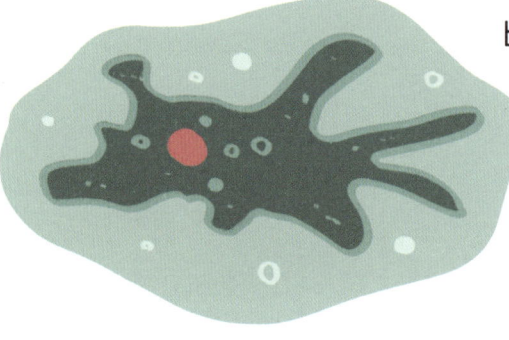

아메바는 이리저리 이동하며 음식을 먹을 수 있는 조금 더 큰 단세포 생물이에요.

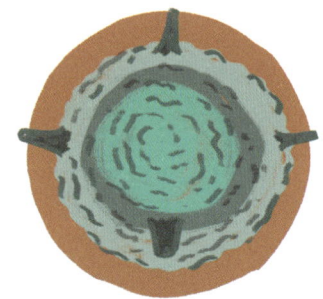

규조류는 식물처럼 햇빛을 이용해 영양분을 만드는 단세포 조류예요.

이 코로나바이러스와 같은 바이러스는 가장 작은 미생물이에요. 이들은 살아 있는 세포에 침입하여 살아가요.

극한환경 미생물

일부 박테리아와 고세균은 **극한환경 미생물**이에요. 이들은 매우 높거나 낮은 온도 또는 염분이 매우 많거나 건조한 곳에서도 잘 살아남아요.

미국 와이오밍주의 그랜드 프리즈매틱 스프링이라는 온천에는 여러 종류의 극한환경 미생물들이 살고 있어 밝은 무지갯빛을 띠어요.

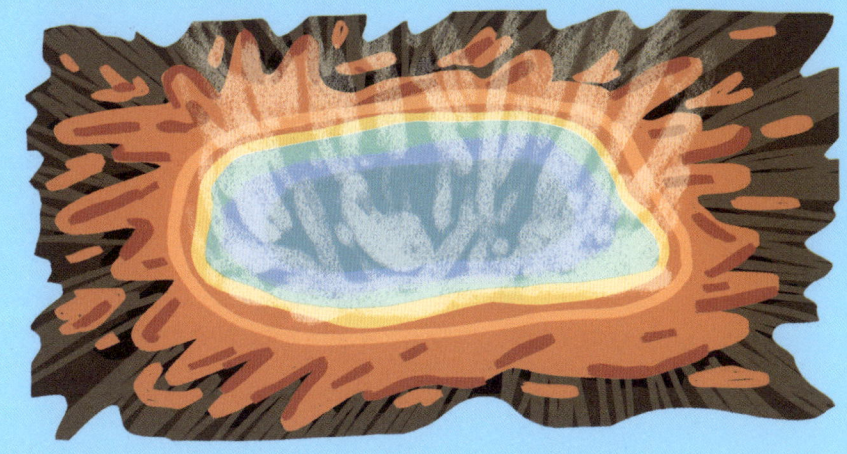

병균과 질병

어떤 미생물, 특히 일부 세균과 바이러스는 우리 몸에 침입해서 감기나 인후염부터 독감, 콜레라와 같은 더 심각한 병에 이르기까지 다양한 질병을 일으킬 수 있어요.

수두는 바이러스에 의해 생겨요.

유용한 미생물

많은 미생물은 지구와 우리 모두에게 유용해요.

- 세균과 곰팡이는 죽은 동식물을 썩게 하고 분해하여 흙으로 되돌리는 역할을 하여 새로운 식물이 자랄 수 있도록 도와줘요.
- 우리 장 속에는 음식물의 소화를 돕는 유익한 세균이 살고 있어요.
- 또한 우리는 다양한 미생물을 유용하게 이용해요. 예를 들어 효모를 빵 반죽에 넣으면 가스가 발생하여 반죽이 부풀어 올라 빵이 부드러우면서 쫄깃해져요.

식물과 균류

식물과 균류는 서로 다른 생물군이지만 비슷해 보이기도 해요.
동물과 달리 식물과 균류는 주로 한곳에 머물러 이동하지 않고 먹이를 찾아요.

식물이란 무엇일까요?

식물은 **광합성**이라고 하는 과정을 통해 햇빛으로부터 에너지를 얻어 스스로 영양분을 만드는 생명체예요. 식물은 잎에서 **엽록소**라는 녹색의 화학 물질을 사용하여 광합성을 해요. 이것이 바로 식물이 녹색인 이유랍니다!

식물에는 꽃이 피는 식물(현화식물), 침엽수, 이끼, 양치류 등 여러 종류가 있어요.

식물아, 고마워!

식물은 지구상의 다른 생명체들에게 꼭 필요한 존재예요.
식물은 다른 많은 생물에게 먹이를 제공해요.
또한 공기 중의 이산화탄소를 흡수하고
동물과 인간이 숨 쉬는 데 필요한 산소를 내보내지요.

꽃이 피는 식물에는 양귀비, 데이지 같은 작은 화초와 사과나무, 벚나무 같은 꽃나무가 포함돼요.

광합성

광합성은 식물이 햇빛을 받아 영양분을 만드는 과정이에요.

식물은 햇빛의 에너지를 사용하여 스스로 영양분을 만들고, 이를 통해 성장해요.

잎은 공기 중의 이산화탄소를 흡수하고, 뿌리와 줄기를 통해 땅에서 흡수한 물을 이용해요.

이 과정에서 산소를 만들어 공기 중으로 내보내요.

나무는 거대한 식물이에요! 가장 키가 큰 나무인 레드우드(미국삼나무)는 115m까지 자랄 수 있어요.

🌿 균류란 무엇일까요?

어떤 사람들은 버섯이나 독버섯 같은 균류를 식물의 한 종류라고 생각해요. 하지만 균류는 식물과 완전히 다른 생물군이에요. 균류는 식물과 달리 햇빛을 이용해 영양분을 만들지 않아요. 오히려 동물처럼 주변 환경에서 먹이를 찾아 먹어요.

아래 보이는 독버섯에는 **균사**라고 하는 털같이 생긴 뿌리가 있어요. 독버섯은 썩은 통나무 속으로 균사를 뻗어 먹이를 먹어요.

잔디는 화초의 일종이에요. 오래 자라게 두면 작은 초록색 꽃이 피어나요.

79

 동물

동물을 생각하면 어떤 동물이 먼저 떠오르나요?
개, 고양이, 코끼리, 말, 소름 끼치는 거미, 아니면 거대한 상어가 생각나나요?
사람들은 대부분 동물을 보면 그것이 동물이라는 것을 알아요.
그런데 과연 동물이란 무엇일까요?

동물의 특성

동물은 크게 세 가지 측면에서 다른 생물과 달라요. 이 모두에 해당한다면 동물일 가능성이 커요!

- 동물은 걷고, 달리고, 헤엄치고, 뛰어오르고, 날고, 미끄러지는 등 돌아다녀요.
- 동물은 먹이를 먹어요! 동물은 대부분 주변 환경에서 먹이를 찾아 먹으며 살아가고, 대개 입을 가지고 있어요.
- 동물은 시각, 후각, 청각과 같은 감각이 뛰어나 빠르게 반응할 수 있어요.

그냥 궁금해요

동물 중에서 초식동물은 식물을 먹고, 육식동물은 다른 동물을 사냥해서 먹어요. 여기 배고픈 호랑이가 풀을 먹고 있는 사슴을 덮치려고 해요.

어떤 동물은 식물도 먹고 고기도 먹는 잡식동물이에요.

동물의 종류

과학자들은 동물을 **척추동물**과 **무척추동물**로 나눠요. 척추동물은 등뼈(척추)가 있고 일반적으로 뼈대 전체가 척추에 붙어 있어요. 무척추동물은 등뼈가 없어요. 이들은 딱딱한 껍질, 거친 피부 또는 벌레처럼 부드럽고 말랑말랑한 몸체를 가지고 있어요.

두 그룹에 속하는 동물의 예를 살펴보아요.

척추동물

척추동물에는 포유류, 조류, 파충류, 양서류, 어류 등 다섯 가지 유형이 있어요.

코끼리와 같은 **포유류**는 대개 털이 있어요. 어미 포유류는 새끼에게 자신의 몸에서 나오는 젖을 먹여요.

조류는 깃털이 있고 알을 낳아요. 앨버트로스는 하늘을 잘 날지만 타조 같은 일부 새들은 날지 못해요.

카멜레온은 **파충류**의 일종인 도마뱀이에요. 파충류는 대개 건조하고 비늘이 있는 피부를 가지고 있어요. 공룡도 파충류였어요!

개구리와 두꺼비 같은 **양서류**는 일생의 일부를 물속에서 보내며 부드럽고 미끈거리는 피부를 가지고 있어요.

어류는 주로 물속에서 살아요. 아가미를 이용해 물속에서 숨을 쉬고 지느러미를 이용해 헤엄쳐요. 상어는 어류의 일종이에요.

무척추동물

거미, 지네, 벌과 같은 곤충은 모두 무척추동물이에요. 이들은 외골격이라고 하는 단단한 껍데기를 가지고 있어요.

벌레도 무척추동물의 한 종류예요.

민달팽이, 달팽이, 조개, 문어, 오징어와 같은 **연체동물**도 무척추동물이에요. 무척추동물은 대부분 매우 작지만, 바다에 살면 물이 몸을 받쳐 주기 때문에 몸집이 커질 수 있어요.

생물군계

생물군계는 다양한 종류의 야생 생물이 살고 있는 거대한 자연 구역을 말해요.
이는 기후대(54쪽 참조)와 비슷하지만, 각 생물군계에는 특정 기후뿐만 아니라
고유한 경관과 식생(그곳에 서식하는 식물의 종류), 특정 유형의 동물과 기타 생물들이 있어요.

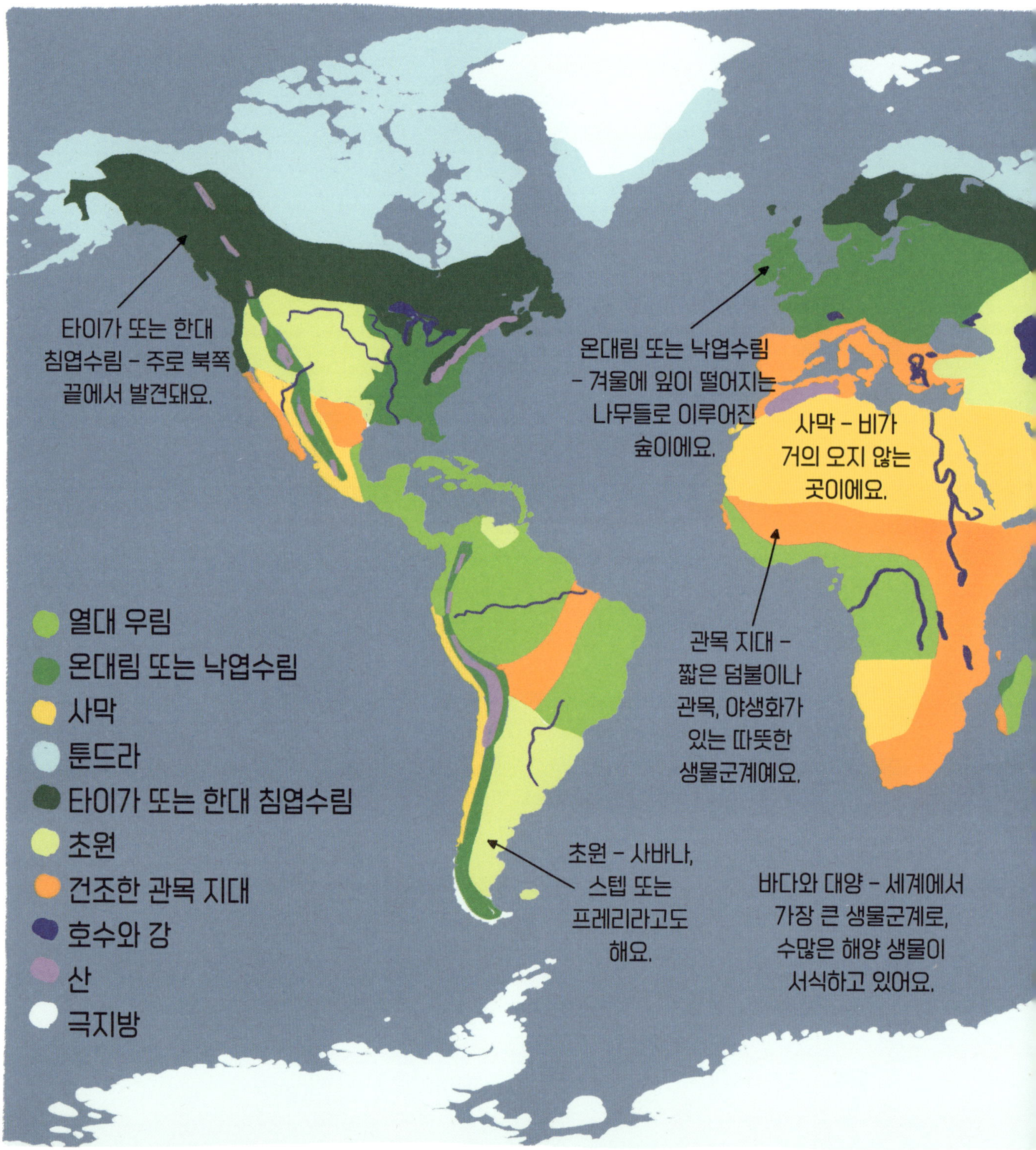

타이가 또는 한대 침엽수림 - 주로 북쪽 끝에서 발견돼요.

온대림 또는 낙엽수림 - 겨울에 잎이 떨어지는 나무들로 이루어진 숲이에요.

사막 - 비가 거의 오지 않는 곳이에요.

관목 지대 - 짧은 덤불이나 관목, 야생화가 있는 따뜻한 생물군계예요.

초원 - 사바나, 스텝 또는 프레리라고도 해요.

바다와 대양 - 세계에서 가장 큰 생물군계로, 수많은 해양 생물이 서식하고 있어요.

- 열대 우림
- 온대림 또는 낙엽수림
- 사막
- 툰드라
- 타이가 또는 한대 침엽수림
- 초원
- 건조한 관목 지대
- 호수와 강
- 산
- 극지방

생물군계 지도

전 세계를 **생물군계**로 나누는 방법은 다양해요. 이 세계 지도는 아홉 가지 생물군계의 위치를 보여 줘요. 각 생물군계 안에서도 산과 강처럼 더 작은 권역으로 구분될 수 있어요.

적응

생물은 진화를 통해 자신의 생물군계에 맞춰 적응하고 변화해 왔으며, 생존에 도움이 되는 특징을 가지고 있어요.

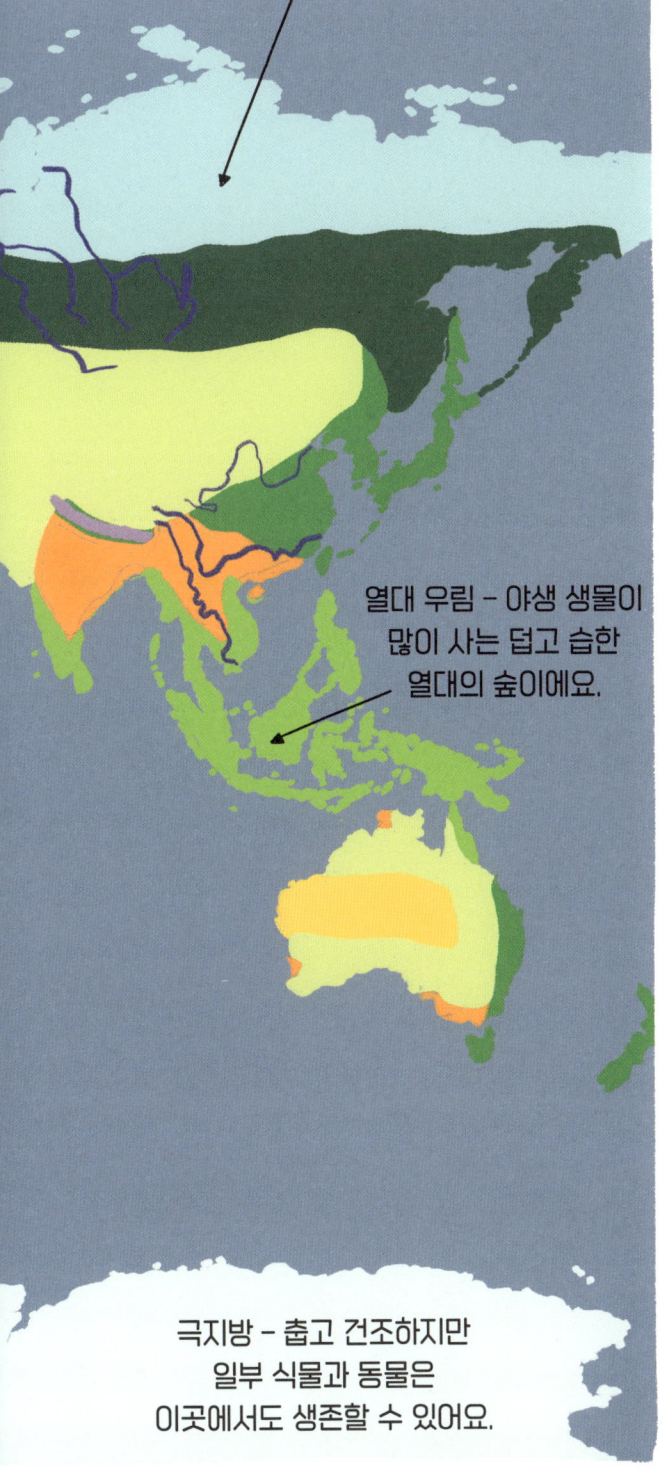

툰드라 – 북극 주변에 펼쳐져 있어요. 나무가 자라기에는 너무 춥고 바람이 많이 불지만 이끼, 풀, 지의류가 자라고 있어요.

열대 우림 – 야생 생물이 많이 사는 덥고 습한 열대의 숲이에요.

극지방 – 춥고 건조하지만 일부 식물과 동물은 이곳에서도 생존할 수 있어요.

예를 들어, 식물은 뜨겁고 건조한 사막에서 살아남기 어렵지만 선인장은 가능해요. 선인장은 건조를 방지하는 왁스 코팅, 물을 저장하는 잎, 동물의 접근을 막는 가시를 진화시켜 왔어요.

아델리펭귄은 얼음으로 뒤덮인 남극에서의 생활에 완벽하게 적응했어요. 피부밑의 두툼한 지방층과 기름진 방수 깃털로 체온을 유지하지요. 아델리펭귄은 날아다니는 대신 날개를 오리발처럼 이용해 물속에서 헤엄치고 방향을 잡아요.

서식지

모든 생물 종은 각자가 살아남기 가장 쉬운 자연환경에서 살 수 있도록 진화해 왔어요. 이렇게 생물이 자리 잡고 사는 곳을 서식지라고 해요.

큰 서식지

서식지는 종에 따라서 클 수도 있고 작을 수도 있어요. 예를 들어 혹등고래는 바다에 서식하며 먹이를 먹거나 짝짓기를 하러 먼 거리를 이동해요. 혹등고래는 적도 근처의 따뜻한 물과 극지방의 차가운 물에서도 살 수 있어요. 바다 전체가 혹등고래의 서식지예요.

혹등고래는 길이가 최대 16m에 달할 정도로 몸집이 커요. 혹등고래가 돌아다니고 사냥하고 짝을 만나기 위해서는 충분한 공간이 있는 넓은 서식지가 필요해요. 혹등고래는 물 밖으로 뛰어올랐다가 다시 물속으로 첨벙거리며 들어가요. 그래서 혹등고래는 수족관에서는 살 수 없답니다. 훨씬 더 넓은 공간이 필요해요!

🏠 작은 서식지

어떤 서식지는 훨씬 더 작아요. 개구리의 서식지는 작은 연못일 수 있고, 우단벌레(벨벳웜)의 서식지는 동굴일 수 있어요. 오래된 돌담은 이끼와 지의류의 서식지가 될 수 있어요. 나무좀, 개미, 다람쥐가 살고 있는 나무처럼 때로는 어떤 생물이 다른 생물의 서식지가 되기도 해요.

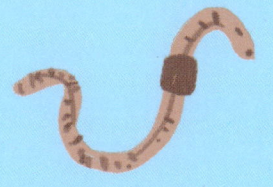

🏠 서식지가 필요해!

어떤 생물은 다양한 곳에서도 잘 살아가요. 예를 들어 쥐는 다양한 종류의 먹이를 먹고 살 수 있으며 숲, 초원, 동굴, 집, 배 등 다양한 서식지에서 잘 지내요.

하지만 어떤 동물은 특정한 서식지가 필요해요. 예를 들어 자이언트 판다는 주로 대나무를 먹기 때문에 중국의 대나무 숲 서식지가 필요해요. 그렇기에 서식지가 심하게 훼손되거나 파괴되면 어떤 생물 종은 멸종 위기에 처할 수도 있어요(118쪽 참조).

잎벌레는 아시아와 호주의 숲에 서식해요. 잎벌레는 굶주린 포식자로부터 몸을 숨기기 위해 나뭇잎으로 위장해요. 잎벌레는 숲속 서식지에 맞게 진화해 왔기 때문에 숲이 없어지면 살아남기 어려워요.

생태계

생태계는 서식지와 그 안에 사는 생물들을 뜻해요.
생물들은 생존하기 위해 서식지와 또 다른 생물 종에 의존하면서 전체 시스템으로 공존하며 상호작용해요.

먹이 사슬

생태계에서 생물 종들은 먹이 사슬이라는 순서로 서로를 먹어요. 예를 들어 남극해에서 범고래는 바다표범을 먹고, 바다표범은 물고기를 먹고, 물고기는 크릴(작은 새우 모양의 동물)을 먹고, 크릴은 플랑크톤(바닷물에 떠다니는 작은 동식물)을 먹어요. 동물성 플랑크톤은 햇빛을 이용해 자라는 식물성 플랑크톤을 먹어요.

? 그냥 궁금해요

지구를 생각하는 한 가지 방법은 지구를 하나의 거대한 생태계로 보는 거예요. 우리는 모두 같은 행성, 공기, 물, 음식을 공유하며 생존하기 위해 다른 생물 종에 의존해요.

🦋 먹이 그물

먹이 그물은 서로 연결된 먹이 사슬의 네트워크예요. 이 그림에서는 아프리카 초원의 먹이 그물 일부를 볼 수 있어요.

독수리는 썩은 고기(동물의 사체)를 먹어요.

토양과 기후는 풀과 나무가 자라는 데 도움이 돼요.

사자는 육식성 포식자이며 얼룩말과 기린을 잡아먹어요.

기린은 나무를 먹어요.

얼룩말은 풀과 다른 작은 식물을 먹어요.

땅속의 박테리아는 죽은 식물과 동물을 먹고, 새로운 식물이 자랄 수 있도록 토양을 비옥하게 만들어요.

하이에나는 살아 있는 먹이를 사냥하고 썩은 고기도 먹어요.

여러 종류의 개미들은 식물과 작은 동물을 먹으며 새들의 먹이가 돼요.

지렁이는 토양에서 먹이를 얻고, 토양에 공기를 공급하여 토양을 더 비옥하게 만들어요.

🦋 균형 잡기

이처럼 생태계는 균형을 이루며 존재해요. 한 생물 종을 제거하면 다른 종에도 영향을 미쳐요. 초원의 먹이 그물에 사자가 없다면 얼룩말은 더 많아지고 먹이가 될 풀은 충분하지 않을 거예요. 나무가 없다면 기린의 먹이가 부족해지고, 독수리는 둥지를 지을 곳이 없을 거예요.

이것이 바로 다양한 종으로 이루어진 **생물 다양성**이 중요한 이유랍니다. 모든 생물 종은 저마다 생태계에서 중요한 역할을 하기에 모두 계속해서 존재할 수 있는 것이에요.

5장
지구상의 인간

인간도 동물이에요. 인간은 유인원과에 속하며 침팬지, 고릴라, 오랑우탄과 가까운 관계에 있어요.

인간은 지구에서 진화해 온 수백만 종의 다양한 생명체 중 하나일 뿐이에요.

하지만 우리에게는 조금 다른 점이 있어요!

인간은 먹이를 찾기 위해 날카로운 발톱이나 초강력 감각을 진화시키는 대신 큰 두뇌와 민첩한 손을 진화시켰어요.

불을 이용해 요리를 하고, 집을 짓고, 동식물을 기르고, 온갖 도구와 기계, 장치를 발명하기 시작했지요.

물론 그 결과 놀랍고 유용한 것들이 많이 생겨났지만,

다른 어떤 종도 하지 못한 방식으로 지구를 변화시키기도 했어요.

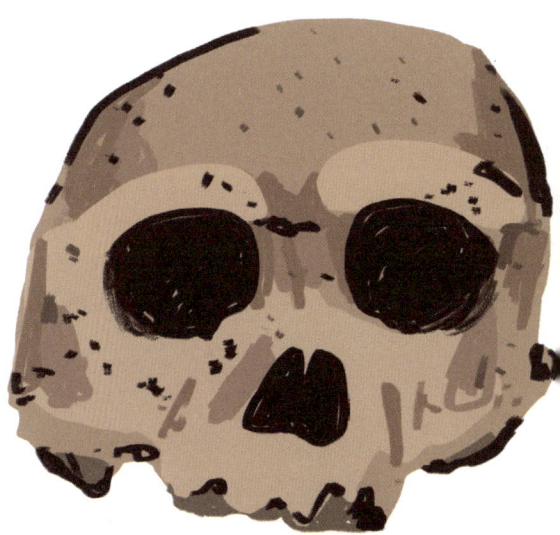

인간은 어떻게 진화했을까요?

다른 종과 마찬가지로 인간도 초기 형태의 생명체로부터 시간이 지남에 따라 점진적으로 진화해 왔어요.
최초의 인류는 약 200만~300만 년 전에 진화했어요.
우리에게는 오래된 일처럼 보이지만, 지구의 역사에 비하면 아주 최근의 일이에요.

인류 가계도

최초의 인류는 우리와 똑같이 생기지 않았어요. 사실, 그들은 다른 종이었지요! 인간이 진화하는 동안 서로 다른 시기에 살았던 여러 종의 인간이 있었어요. 그들 대부분은 멸종했고 오늘날에는 현생인류라는 한 종만 남았답니다. 우리 종의 학명인 호모 사피엔스는 "슬기로운 사람"이라는 뜻이에요.

현생인류가 어떻게 진화했는지 정확히 아는 사람은 아무도 없어요. 오래된 화석을 토대로 추측할 수 있을 뿐이지요. 이 가계도는 초기 인류의 다양한 종과 이들이 어떻게 관련되었을 수 있는지를 보여 줘요.

오스트랄로피테쿠스 아프리카누스
("남방의 원숭이")

약 350만~200만 년 전.
최초의 인간으로 진화했을
가능성이 있는 유인원

호모 하빌리스
("손재주가 있는 사람")

약 240만~140만 년 전.
가장 초기의 인류 중 하나

호모 에르가스테르
("일하는 사람")

약 200만~130만 년 전

호모 하이델베르겐시스
("하이델베르크인")

약 70만~20만 년 전

호모 에렉투스
("똑바로 선 사람")

약 190만~10만 년 전

호모 네안데르탈렌시스
또는 **네안데르탈인**
("네안데르 계곡에서 온 사람")

약 40만~4만 년 전.
현생인류의 가장 가까운 친척이자
가장 최근에 멸종한 인류

호모 사피엔스
("슬기로운 사람")

약 30만 년 전~현재

도구 제작

인류는 진화를 거듭하면서 도구를 발명하고, 만들고, 사용하는 능력이 점점 더 발달했어요. 일부 동물도 도구를 사용해요. 예를 들어 침팬지는 막대기를 사용해 둥지에서 흰개미를 낚아채 잡아먹어요. 그러나 초기 인류는 도구 제작에 매우 능숙해져서 단순한 돌망치와 도끼를 만드는 것에서 정교한 모양의 화살촉, 칼, 바늘을 만들 정도로 발전했어요.

배 모양의 손도끼가 아프리카와 유라시아 전 지역에서 발견되었어요.

화살촉

칼날

예술과 문화

이와 동시에 인간은 예술, 음악, 장식품을 만들고 죽은 사람을 무덤에 매장하는 등의 문화를 발전시켰어요. 또한 복잡한 언어를 개발하여 생각을 공유하고 전달할 수 있게 되었지요.

아르헨티나의 쿠에바 데 라스 마노스("손의 동굴")에 있는 고대 동굴 벽화에는 과나코(라마의 일종) 무리, 문양, 기호 그림과 손을 대고 그 주위에 페인트를 뿌려서 만든 손 모양 그림이 남아 있어요.

퍼져 나가다

화석 연구에 따르면 인류는 아프리카 동부에서 최초로 나타났어요.
이후 다양한 인간 종이 세계 각지로 서서히 퍼져 나갔어요.
가장 최근에 진화하고 퍼져 나간 종은 현생인류인 호모 사피엔스예요.

이 세계 지도의 화살표는 인류가 전 세계로 퍼져 나갔던 주요 경로를 보여 줘요.

선사 시대에는 비행기나 자동차는 물론, 사람에게 길들여진 말조차도 없었기 때문에 이러한 이동은 빠르게 이뤄지지 않았어요. 사람들은 식량이나 물을 찾기 위해, 또는 홍수나 다른 사람 등 위험을 피하려고 작은 무리를 지어 걸어서 이동했어요. 대륙을 가로질러 퍼져 나가는 데는 여러 세대가 걸렸을 거예요.

약 6만 5천 년 전에 일부 사람들은 배나 뗏목을 타고 호주에 도착했어요.

약 2만~1만 5천 년 전의 마지막 빙하기(지구 역사상 가장 추웠던 시기)에는 전 세계의 물이 대부분 얼음으로 얼어붙어 해수면이 낮아졌어요. 아시아와 북아메리카의 북쪽 끝부분이 육지로 연결되어 있었기에 사람들은 걸어서 아메리카 대륙으로 건너갈 수 있었어요.

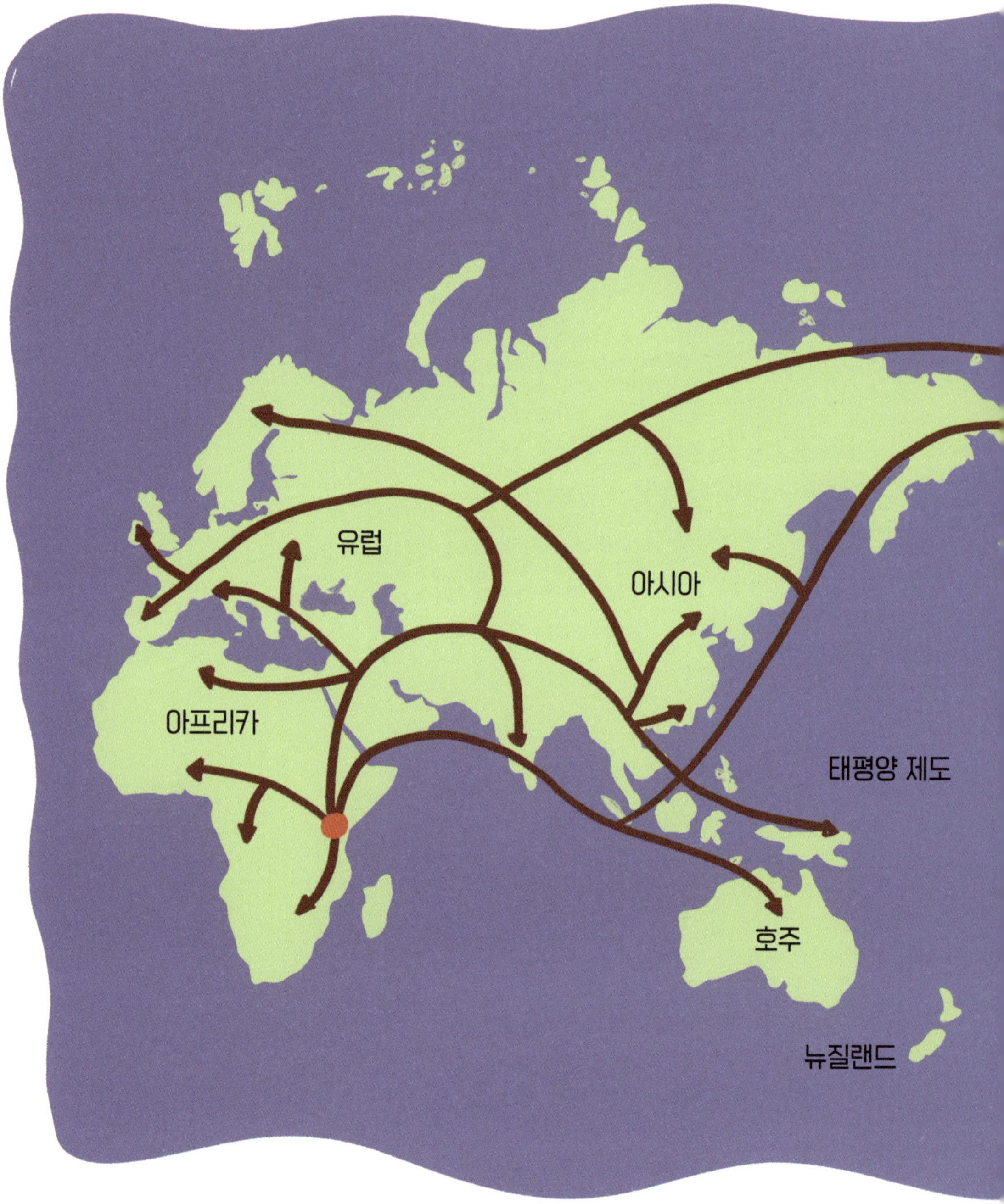

어떻게 알았을까요?

두개골과 골격 **화석**을 연구하면 인류가 언제 어디에 있었는지 알 수 있어요. 일부 초기 인류는 석기나 동굴 벽화와 같은 다른 증거도 남겼지요.

인간 화석은 매우 드물고 골격의 작은 부분만 발견되는 경우가 많아요. 각각의 화석이 어느 인류에 속하는지 알아내려면 탐정처럼 많은 조사를 해야 해요. 우리는 지금도 인간의 과거에 대해 더 많은 것을 밝혀 줄 새로운 화석들을 꾸준히 발견하고 있어요.

이 14만 6천 년 전의 인간 두개골은 1930년대에 중국에서 발견되었으나 감춰져 있다가 2018년에 재발견되어 연구가 이뤄졌어요. 어떤 전문가들은 "드래곤 맨(Dragon Man)"의 두개골로 불리는 이 두개골이 지금까지 알려지지 않은 인간 종의 두개골일 수도 있다고 생각해요.

북아메리카

남아메리카

그러나 세계의 일부 지역은 훨씬 더 최근까지 사람이 살지 않는 곳으로 남아 있었어요. 예를 들어 뉴질랜드에는 1,000년도 채 되지 않은 1250년경까지만 해도 사람이 살지 않았답니다.

자원 활용

자원이란 무엇일까요? 자원은 간단히 말해 유용한 물건, 재료 또는 소모품을 의미해요.
만약 여러분이 3만 년 전 유럽에 살고 있었다면, 장작은 중요한 자원이었을 거예요.
몸을 따뜻하게 하고, 음식을 요리하고, 야생 동물을 쫓아내기 위해 장작을 태웠을 거예요.

자원과 그 용도

인류가 고대부터 사용해 온 몇 가지 천연자원을 소개해요. 우리는 지금도 이 중 많은 것을 사용하고 있어요. 예시를 보고 각 자원을 다른 용도로 사용할 수 있을지, 오늘날 우리는 어떻게 사용하고 있는지 생각해 봐요.

나무에서 온 **목재**
- 땔감으로 사용하거나 가구를 만드는 데 사용해요.

땅에서 캔 **돌**
- 집, 요새, 울타리 등을 짓는 데 사용해요.

바다, 강, 호수에서 잡은 **물고기**
- 식량 또는 램프의 기름으로 사용해요.

늑대, 물개, 토끼 등 털북숭이 **동물의 가죽**
- 따뜻한 옷과 침대를 만드는 데 사용해요.

지구에서 얻은 자원

인간은 항상 우리 주변 세계의 천연자원을 이용해 왔어요. 그것들을 식량과 연료로 쓰거나 무기, 옷, 도구, 집과 일상용품을 만드는 데 사용했어요. 선사 시대에는 인구가 많지 않았고 넓은 지역에 퍼져 있었기 때문에 인간이 자원을 사용하는 것이 지구에 큰 영향을 주지는 않았어요.

땅에서 나온 부드럽고 무겁고 진흙 같은 흙인 **점토**
- 도자기를 만드는 데 사용해요.

그냥 궁금해요

시간이 흐르면서, 특히 지난 몇백 년 동안 인구는 계속해서 증가했어요. 인구가 늘어날수록 우리가 사용하는 물건도 늘어났지요. 이제 어떤 자원들은 너무 많이 써서 고갈될 위험에 처해 있어요.

땅이나 강에서 발견되는 **금**
- 아름답고 귀중한 반지와 목걸이를 만드는 데 사용해요.

붉은색 또는 황색을 띠는 점토의 일종인 **황토**
- 동굴 벽화를 그리거나 보디 페인팅을 하는 데 사용해요.

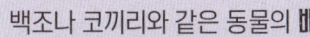

백조나 코끼리와 같은 동물의 **뼈**
- 바늘, 핀, 피리를 만드는 데 사용해요.

농사

약 1만 2천 년 전, 전 세계적으로 큰 변화가 일어나기 시작했어요.
사람들은 식량을 얻기 위해 동물을 사냥하고 야생 식물을 채집하는 대신 농사를 짓기 시작했지요.

 농사를 짓기 전

인류가 탄생한 이후 오랫동안 사람들은 수렵 채집 생활을 해 왔어요. 강의 물고기, 해변의 조개, 벌집의 꿀, 야생 과일, 베리류, 견과류 등 야생에서 잡거나 찾을 수 있는 음식을 먹었지요.

초기 인류는 매머드와 같은 큰 동물을 창으로 쫓아 포위하는 방식으로 사냥했어요.

사람들은 동굴에서 살거나 옮길 수 있는 은신처를 사용하거나 주변에서 구할 수 있는 재료로 은신처를 만들었어요.

사람들은 대부분 작은 무리를 지어 살았고 많이 옮겨 다녔어요. 이동하는 동물을 따라가거나 식량이 떨어지면 새로운 지역으로 이동했어요.

🐑 왜 그때였을까요?

농사는 전 세계 여러 지역에서 서로 다른 시기에 시작됐어요. 어떤 지역에서는 1만 2천 년 전보다 더 일찍, 어떤 지역에서는 그보다 훨씬 늦게 시작되었을 거예요. 하지만 약 1만 2천 년 전, 마지막 빙하기 이후로 지구는 따뜻해졌어요. 얼음으로 뒤덮였던 곳들이 따뜻해지고 습해지면서 농작물을 재배하기가 더 쉬워졌지요.

그냥 궁금해요

농사를 짓기 시작한 이후부터 현재까지를 홀로세 시대라고 불러요. 홀로세란 "완전히 새로운"이라는 뜻이에요. 인간의 활동으로 인해 세상이 가장 많이 변화한 시기이기 때문에 그렇게 부른답니다.

🐑 농사를 짓고 나서

사람들이 농사를 짓기 시작하면서 생활 방식이 완전히 바뀌었어요.

농작물을 재배하려면 한곳에 오래 머물러야 했어요. 그래서 사람들은 정착하여 마을을 만들고 더 튼튼하고 오래 살 수 있는 집을 짓기 시작했어요.

사람들은 사냥하고 식량을 채집하는 시간이 줄어들면서 더 많은 자유 시간을 갖게 되었어요. 무언가를 발견하거나 발명하고, 예술과 음악을 만들고, 별을 연구하는 등 다양한 활동에 더 많은 시간을 보낼 수 있게 되었지요.

충분한 식량을 구하기가 쉬워졌기 때문에 생존하기가 더 쉬워졌어요. 인구가 늘어나고 마을도 커졌지요.

야생 동물을 쫓는 데 시간을 보내는 대신 가축을 기를 수 있게 되었어요. 가축들은 고기 외에도 달걀, 우유, 양털, 깃털, 가죽 등을 안정적으로 제공해 주었어요.

지구상의 인간

마을과 도시

점점 더 많은 사람이 농사를 지으며 정착 생활을 하게 되면서 동네는 마을이 되고, 마을은 최초의 도시가 되었어요. 기원전 4000년경, 즉 지금으로부터 약 6,000년 전부터 오늘날의 중국, 이집트, 말리, 파키스탄, 그리스, 시리아, 이라크 등 세계 여러 지역에서 초기 도시가 발전했어요.

우르

고대 수메르 문명의 일부인 우르는 현재의 이라크 남부에 있었던 강력한 도시였어요. 전성기였던 기원전 2000년경에는 6만 명이 넘는 인구가 거주할 수 있었지요. 지금의 도시들에 비하면 그리 크지 않지만 당시에는 지구상에서 가장 큰 도시 중 하나였어요.

도시는 대부분 무역선이 드나들 수 있는 해안이나 큰 강 근처에서 발달했어요.
우르는 유프라테스강 옆에 있었고 운하로 연결되어 있었으며
성벽 안쪽에 부두가 있었어요.

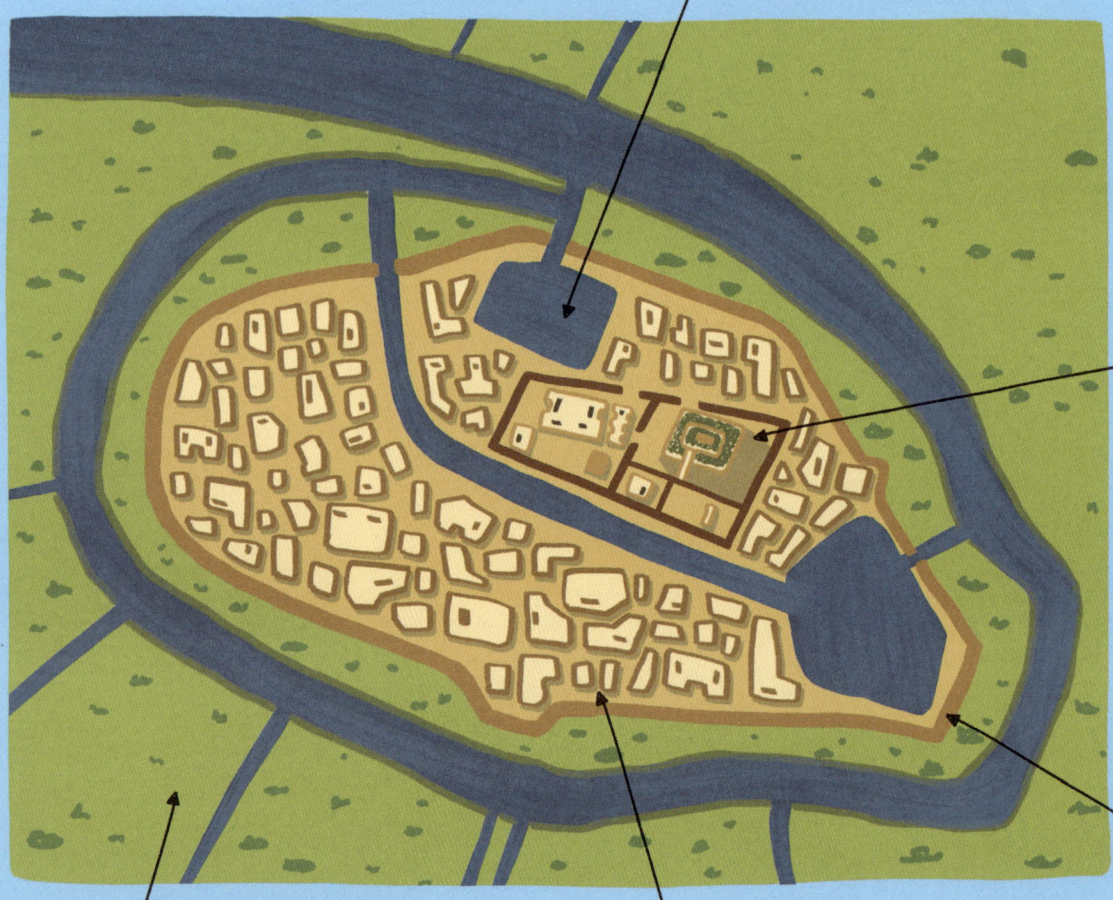

이 지역에는 큰 궁전과 왕의 무덤, 그리고 수메르 신화에 등장하는 달의 신인 난나에게 바친 기념물인 우르의 지구라트가 있었어요.

침략자를 막기 위해 도시를 튼튼한 성벽으로 둘러쌌어요.

우르는 주민들의 식량이 될 작물을 재배할 농지로 둘러싸여 있었어요.

우르에는 작은 집들과 작업장들이 모여 있는 넓은 지역도 있었어요.

점령

마을, 도시, 농장은 많은 공간을 차지해요. 인간은 숲과 다른 야생 서식지를 개간하여 이런 공간을 만들었어요. 이는 인간이 지구에 가져온 가장 큰 변화 중 하나예요. 농경이 처음 시작된 이래로 전 세계 숲의 약 3분의 1이 벌목되었어요. 인간은 초원, 늪지, 해안, 사막 등 다른 많은 야생 지역도 점령했어요.

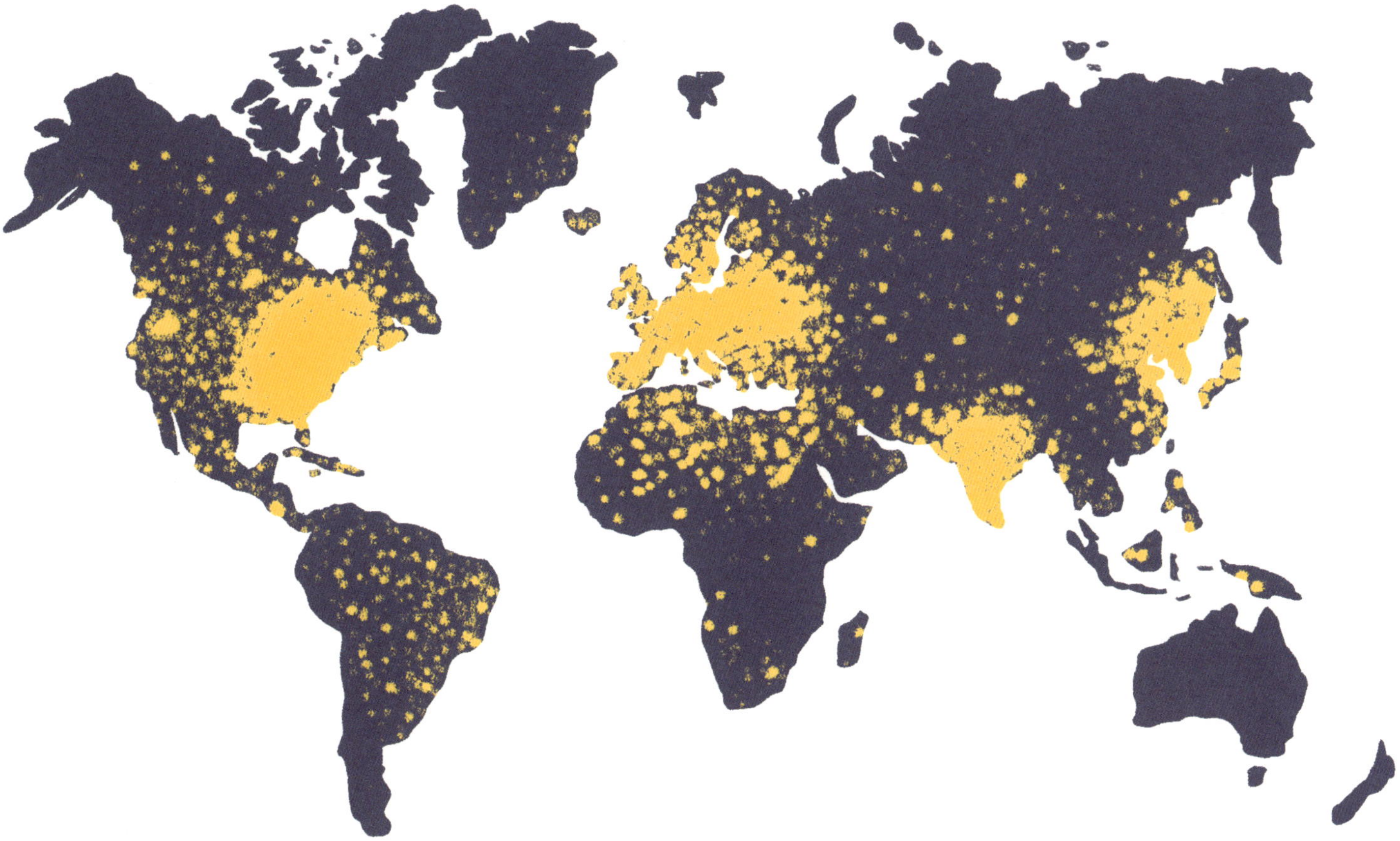

도시 지역

오늘날에는 지구 곳곳에 마을과 도시가 있어요. 전 세계 인구의 55% 이상이 도시에 살고 있으며, 그 수는 매년 증가하고 있어요.

인공위성은 밤에 전기 불빛을 감지하여 전 세계의 마을, 도시, 건물이 밀집된 지역을 보여 줄 수 있어요. 이 지도는 이러한 불빛의 분포 패턴을 보여 줘요.

현대 세계

불과 지난 몇백 년 동안 엔진, 전력, 항공기, 컴퓨터와 같은 현대적 발명품 덕분에 지구는 그 어느 때보다 많은 변화를 겪었어요.

산업 혁명

산업 혁명은 우리가 물건을 만들고 일을 하는 방식을 획기적으로 바꾼 큰 변화를 말해요. 산업 혁명은 1700년대에 유럽에서 시작되어 전 세계로 퍼졌어요. 선사 시대의 변화와 마찬가지로, 산업 혁명은 인간의 뛰어난 두뇌로 새로운 아이디어와 발명품을 내놓으면서 일어났지만 그 결과가 모두 좋았던 것은 아니에요.

무엇이 달라졌나요?

산업 혁명 이전에는 대부분의 물건이 작은 규모로 만들어졌어요. 장인들은 바느질해서 옷을 꿰매고 도자기를 만들었으며, 농부들은 작은 땅에서 농사를 지었고, 책은 한 번에 한 권씩 손으로 인쇄했어요. 여행은 배나 마차를 타고 갔지요. 조명은 양초와 기름 램프를 사용했고, 집안일은 손으로 직접 해야 했기 때문에 시간이 오래 걸렸어요.

1700년대와 1800년대에는 과학의 발전과 새로운 발견들이 오늘날 우리가 살고 있는 현대 세계를 창조한 새로운 발명의 길을 열었어요. 예를 들어 볼게요.

새로운 재료와 건축 공법으로 더 높은 초고층 건물을 지을 수 있게 되었어요.

점점 더 많은 연료를 태웠고, 이로 인해 공기가 오염되기 시작했어요.

물건을 손으로 만드는 대신 공장에서 기계를 사용하여 만들기 시작했어요.

석탄과 가스 같은 연료를 태워 기계를 작동시킬 수 있는 엔진을 발명했어요.

기계와 차량 덕분에 식량을 재배하고 운반하기가 더 쉬워졌어요.

점점 더 많이!

이러한 모든 변화 덕분에 우리는 집, 공장, 쇼핑몰, 도로, 공항을 짓기 위해 더 많은 야생의 땅을 차지하게 되었고, 점점 더 많은 물건을 만들면서 더 많은 오염물과 폐기물을 만들어 냈어요.

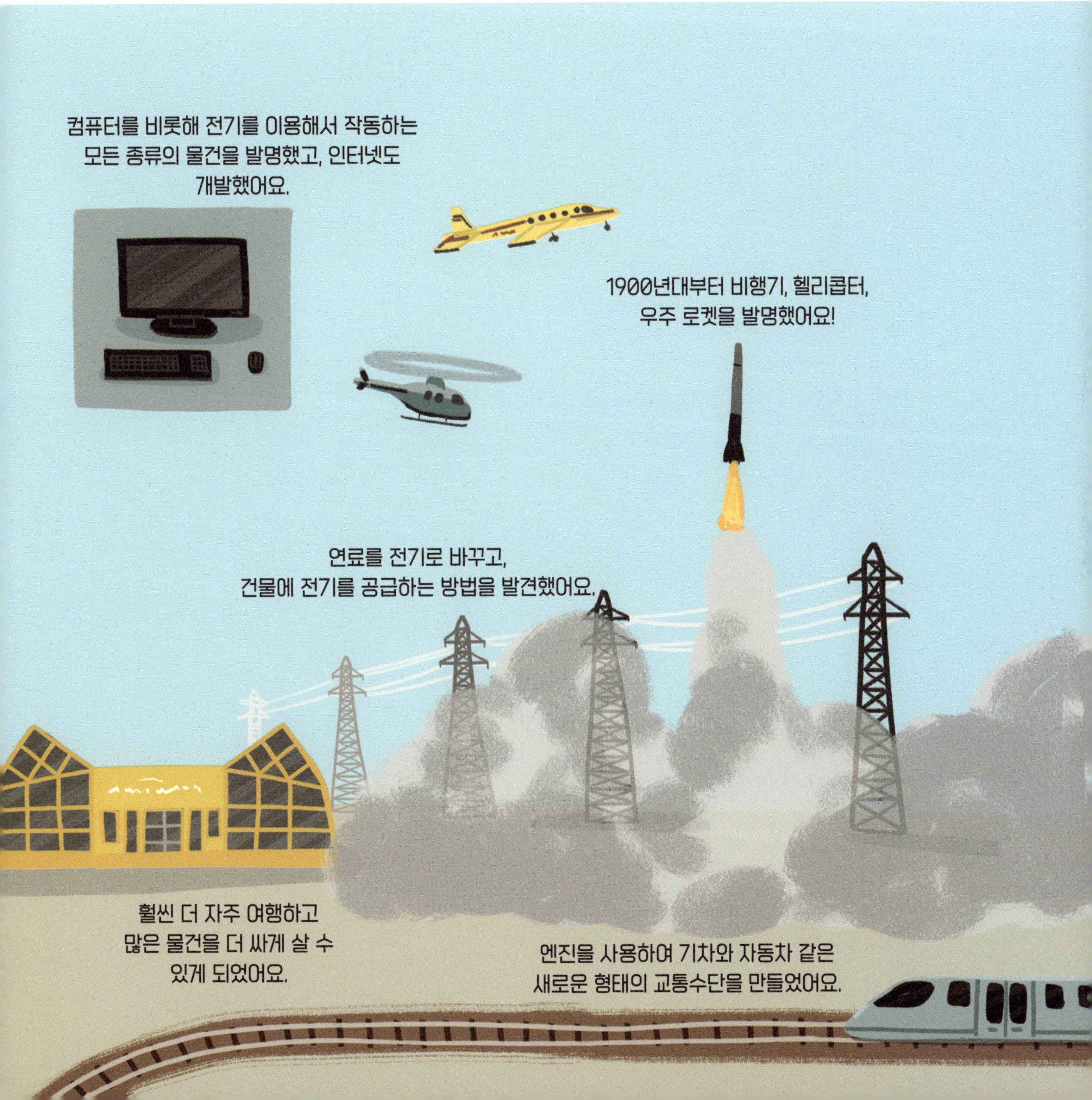

컴퓨터를 비롯해 전기를 이용해서 작동하는 모든 종류의 물건을 발명했고, 인터넷도 개발했어요.

1900년대부터 비행기, 헬리콥터, 우주 로켓을 발명했어요!

연료를 전기로 바꾸고, 건물에 전기를 공급하는 방법을 발견했어요.

훨씬 더 자주 여행하고 많은 물건을 더 싸게 살 수 있게 되었어요.

엔진을 사용하여 기차와 자동차 같은 새로운 형태의 교통수단을 만들었어요.

변화하는 자연

왜 야생에서는 얼룩소나 브로콜리, 푸들을 볼 수 없을까요?
그 이유는 그들이 야생에는 존재하지 않기 때문이에요!
인간은 야생 생물을 길들이거나 변형시켜서 이러한 존재들을 만들었어요.

선택적 번식

이러한 변화는 한꺼번에 이루어진 것이 아니라 **선택적 번식**이라는 과정을 통해 천천히 일어났어요. 이는 기본적으로 인간이 통제하는 일종의 진화예요.

선택적 번식을 위해서는 먼저 유용한 무언가를 제공해 주는 야생 식물이나 동물을 골라내는 것부터 시작해요. 예를 들어 인간이 먹기에 좋은 씨앗을 제공하는 외알밀(아인콘)처럼요.

야생 외알밀에는
작은 씨앗이 달린
작은 씨앗 머리가 있어요.

최고를 선택해요!

DNA에서 일어나는 약간의 변화(74쪽 참조) 덕분에 어떤 외알밀 식물은 자연적으로 다른 외알밀보다 더 큰 씨앗을 갖게 돼요. 그래서 가장 크고 통통한 씨앗을 가진 외알밀을 선택해서 심어요. 그러면 그 식물은 그 DNA를 물려받아 더 큰 씨앗을 가진 더 많은 외알밀로 자라나요.

그다음에는 그중에서 가장 큰 씨앗을 골라 심는 식으로 계속해서 가장 큰 씨앗을 선택해 심어요. 여러 세대에 걸쳐 식물이 가능한 한 많은 식량을 제공하도록 우리에게 유용한 방식으로 진화시키는 것이에요.

우리가 빵, 밀가루, 파스타를
만드는 데 사용하는
현대 밀은 야생 외알밀을
선택적으로 번식시켜 만들었어요.

야생의 무플런

멋진 양털

대부분의 농장 동물과 작물은 야생 생물을 길들인 것이에요. 예를 들어 농장 양은 무플런이라고 불리는 야생 양을 사육해 길들인 것이지요. 양은 고기뿐만 아니라 양털을 얻기 위해 기르기 때문에 두껍고 부드러운 털을 가지도록 사육되었어요.

농장의 양

우리의 친한 친구

인간은 개와 같은 몇몇 동물들을 인간의 도우미이자 반려동물로 길들였어요. 다양한 품종의 개들은 모두 야생 늑대 종을 길들인 것이에요. 늑대는 아마도 수만 년 전부터 먹이를 찾아 인간의 집 주변을 돌아다니거나 인간 사냥꾼을 따라다니기 시작했을 거예요. 그 이후 다양한 특성을 위한 선택적 번식을 통해 경비견, 탐지견, 안내견, 반려견 등 다양한 종류의 개들이 탄생했어요.

야생 늑대

반려견

그냥 궁금해요

인간은 또한 천연 소재를 변형하고 가공해서 새로운 소재를 만들어 냈어요. 플라스틱은 1850년대에 처음 발명되었으며 천연자원인 광물성 기름으로 만들어졌어요. 플라스틱은 매우 유용하지만 잘 썩지 않아서 전 세계적으로 엄청난 플라스틱 쓰레기 문제를 일으키고 있어요.

 지도 만들기

지도는 지구를 연구하고 이해하는 데 매우 중요해요. 인류는 수천 년 동안 지도를 만들어 왔어요. 가장 오래된 것으로 알려진 지도는 기원전 1800년경에 제작된 것으로, 돌판에 새겨져 있으며 현재 프랑스에 있는 계곡의 일부가 표시되어 있어요.

지도는 무엇을 위한 것일까요?

지도는 지구의 일부를 도표로 나타낸 것이에요. 지도에는 땅의 높이, 숲, 바위, 물과 같은 자연환경, 길, 건물, 도로, 날씨 패턴, 심지어 땅 밑의 암석과 같은 모든 종류의 정보를 표시할 수 있어요.

지구과학자들은 지구에 대해 다양한 것을 연구하고 보여 주기 위해 지도를 많이 사용해요. 지도는 우리가 길을 찾고 사물이 어디에 있는지 확인하는 데도 유용해요.

오래된 지도와 새로운 지도

고대의 지도 중에는 돌에 새겨진 것도 있지만, 지도는 대부분 종이에 그려지고 인쇄되었어요. 오늘날에는 컴퓨터와 휴대폰에서도 디지털 지도를 볼 수 있어요.

실제 세계, 지도 세계

이 페이지에 있는 그림은 실제 풍경 그림이고, 옆쪽 페이지에 있는 그림은 같은 지역을 위에서 내려다본 지도 그림이에요.

축척

우리는 축척을 사용하여 지도를 그리기 때문에 지도상에서 거리가 같으면 실제 세상에서도 거리가 같아요. 예를 들어, 이 지도의 사각형 하나는 실제 세상에서 50×50m의 정사각형을 나타내요.

범례

지도의 범례는 지도에 표시된 기호나 문양이 무엇을 나타내는지 알려 줘요.
예를 들어, 이 지도에서는 다음과 같아요.

- 물
- 도로
- 산림 지역
- 건물
- 모래사장

등고선

등고선은 평면 지도에 경사면과 언덕을 표시하는 방법이에요. 각 등고선은 **해발 고도** 또는 높이가 같은 지점을 연결한 거예요. 가운데로 갈수록 점점 작아지는 둥근 선들은 언덕이나 산을 나타내요.

좌표

좌표는 지도에서 특정 지점을 찾는 데 도움이 돼요. 지도는 숫자나 문자가 표시된 선들의 격자로 덮여 있어요. 예를 들어, 이 지도에서 강과 가장 가까운 집은 C4 사각형 안에 있어요.

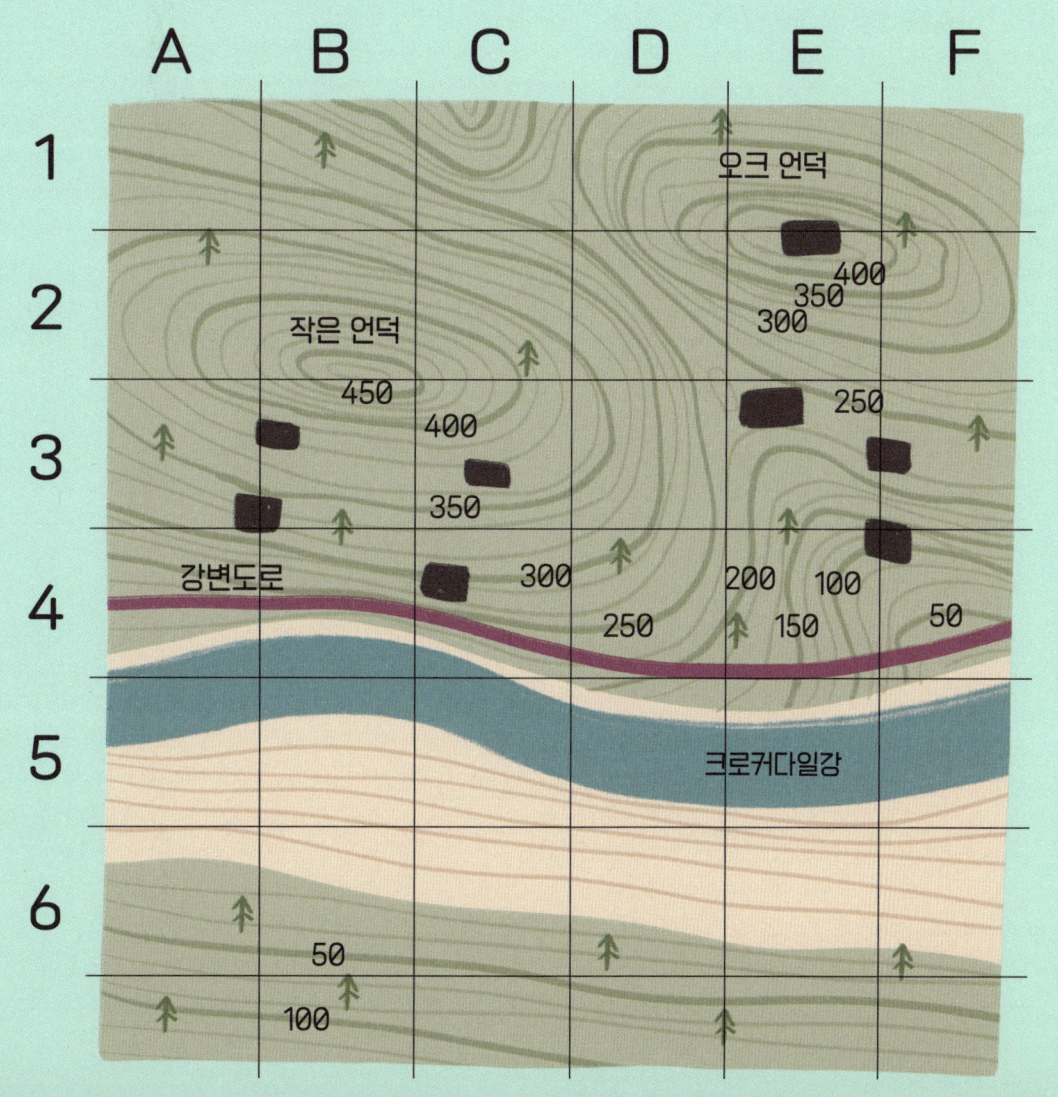

6장
지구 구하기

인간은 세상을 아주 많이 변화시켰고, 이로 인해 많은 문제가 발생했어요.

야생 생물의 서식지를 너무 많이 파괴해서 어떤 종들은 멸종했고, 또 어떤 종들은 멸종 위기에 처해 있어요.

우리는 물고기, 나무, 희귀 광물 같은 천연자원을 엄청나게 많이 사용했어요.

또 농장과 공장에서 나오는 화학 물질, 쓰레기, 플라스틱 폐기물, 하수로 지구를 오염시켰어요.

그리고 연료를 너무 많이 태워서 대기 중으로 방출된 폐가스가 지구를 더 뜨겁게 만들어 기후 변화를 일으키고 있어요.

우리가 할 수 있는 일은 무엇일까요? 이번 장에서는 지구가 어떤 피해를 입었는지,

그리고 이를 해결하기 위해 어떻게 노력하고 있는지 살펴볼 거예요.

붐비는 지구

지구의 가장 큰 문제 중 하나는 현재 지구에 살고 있는 엄청난 수의 사람들이에요. 산업 혁명 이후 인구가 폭발적으로 증가했어요. 물론 다른 생명체들도 많이 살고 있지만, 그들은 인간만큼 많은 공간을 차지하지도 않고 인간처럼 오염을 일으키지도 않아요.

급격한 인구 증가

전문가들은 인류가 농사를 짓기 시작했을 무렵인 기원전 1만 년에는 지구상에 100만~1,000만 명 정도의 인구가 있었다고 추정해요. 엄청나게 많은 숫자처럼 들리지만 이들은 전 세계에 퍼져 있었어요. 오늘날에는 도쿄나 뉴욕과 같은 대도시 한 곳에만 1,000만 명이 넘는 인구가 거주하고 있어요.

산업 혁명이 시작되기 직전인 1750년의 인구는 약 6억~9억 명으로, 훨씬 많아지긴 했지만 여전히 10억 명이 되지 않았어요.

그로부터 300년이 채 지나지 않은 오늘날의 인구는 80억 명이 넘었으며, 그 수는 계속해서 증가하고 있어요.

어떻게 이런 일이 일어났을까요?

기본적으로, 시간이 지남에 따라 인간의 생존 능력이 점점 더 향상되었어요. 특히 산업 혁명을 통해 음식값이 더 저렴해지고 더 따뜻하고 안전한 집, 깨끗한 수돗물, 수세식 화장실을 이용할 수 있게 되는 등 삶의 질을 높여 주는 변화가 생긴 이래로 더욱 그러했어요. 또한 항생제, 백신과 같은 의약품이 발명되어 치명적인 질병으로부터 인류를 구해냈어요. 전 세계 모든 사람이 이 모든 것을 누린 것은 아니지만 큰 변화가 일어났어요. 점점 더 많은 사람이 자라서 자신의 아이를 낳고 키울 수 있을 만큼 오래 살아남았고, 인구는 폭발적으로 증가했어요.

공간 차지

물론 이는 어떤 면에서는 좋은 일이에요. 우리는 질병을 치료하고, 충분한 음식을 섭취하고, 더 행복하고 편안한 삶을 누릴 수 있게 되었어요. 하지만 집, 음식, 물건이 필요한 사람들이 너무 많다는 것은 우리가 그 어느 때보다 더 많은 자원과 공간을 사용하고 있다는 뜻이기도 해요.

대도시에서는 많은 사람이 빽빽하게 들어선 고층 아파트에 모여 살고 있어요. 그것이 모든 사람을 수용할 수 있는 유일한 방법이기 때문이에요.

에너지와 전기

에너지는 빛, 열, 소리, 움직임과 같은 것을 의미해요. 자동차를 타고 이동하거나 뜨거운 오븐에서 무언가를 요리하거나 전등, 샤워기, 히터를 켜는 것 모두 에너지를 사용해요. 전기는 에너지의 한 종류예요. 우리는 다양한 기계와 장비에 전력을 공급하기 위해 전기를 사용해요.

옛날에는 ...

선사 시대에는 인류가 지금처럼 많은 에너지를 사용하지 않았어요.
열과 빛을 얻기 위해 나무를 태웠지만 멀리 이동하지도 않았고 전기도 없었지요.

... 지금은

오늘날에는 인구가 훨씬 더 많아지면서 사용하는 에너지도 훨씬 더 많아졌어요.
우리는 집을 따뜻하게 하고, 자동차, 기차, 비행기를 타고 이동하며,
기계, 전등, 전화기, 컴퓨터에 전력을 공급하기 위해 에너지를 사용해요.

우리가 사용할 전기를 만들기 위해 연료를 태우고 오염 물질을 배출하는 이런 발전소가 전 세계 곳곳에 세워져 있어요.

많은 사람이 집에서 요리할 때 재료를 섞기 위해 이런 전동 믹서를 사용하고 있어요. 이것을 사용하면 작업이 더 쉬워지지만 꼭 필요한 것은 아니에요. 옛날에는 나무 숟가락을 사용해서 재료를 열심히 섞었지요!

충분한 에너지를 얻으려면

이 모든 에너지는 어딘가에서 공급되어야 해요. 무에서 유를 창조할 수는 없지요. 한 종류의 에너지를 다른 종류의 에너지로 바꿀 수 있을 뿐이에요. 예를 들어 자동차 엔진은 연료를 태워 바퀴를 돌려요. 또한 연료를 태워 발전기에 동력을 공급하여 가정에 전기를 공급할 수도 있어요.

우리가 태우는 연료는 주로 석탄, 석유, 천연가스와 같이 땅속에서 추출한 화석 연료예요. 화석 연료를 태우면 오염이 발생하고 지구 온난화가 더 심해져요.

이런 전동 킥보드는 전기로 작동하며 전기 콘센트에서 충전해요. 킥보드 자체는 오염 물질을 배출하지 않지만, 화석 연료를 태워 전기를 일으키는 화력 발전소에서 전기를 공급받는다면, 킥보드 사용도 대기 오염에 영향을 미쳐요.

세탁기 같은 가전제품은 사람들이 몇 시간씩 걸려서 하던 일을 대신 해 주기 때문에 매우 유용해요.

오염

오염 물질은 자연이나 주변 환경으로 방출되는 모든 유해 물질을 말해요.
오염에는 여러 유형이 있으며, 오염 물질은 대부분 인간의 활동과 현대의 발명품 때문에 생겨요.

연료 태우기

오염의 가장 큰 원인 중 하나는 연료를 태우는 것이에요. 나무, 가스, 석탄 등을 태우면 화학 반응이 일어나요. 이 화학 반응은 자동차 엔진이나 발전소 등을 작동시키는 열에너지를 발생시켜요. 하지만 대기 중으로 화학 폐기물을 방출해요. 이는 지구 온난화를 악화시킬 뿐만 아니라 다른 문제도 일으킬 수 있어요.

연료를 태우는 차량에서 나오는 배기가스는 도시와 교통량이 많은 도로 주변의 공기를 오염시켜요. 이러한 오염 물질에는 유독 가스와 작지만 해로운 그을음 입자가 포함돼요. 이는 인간과 동물에게 천식 및 기타 폐 질환을 일으킬 수 있어요. 또한 식물의 잎에 달라붙어 햇빛을 흡수하기 어렵게 만들어 식물에도 해를 끼쳐요.

? 그냥 궁금해요

인간이 만들어 내는 소리와 불빛도 오염을 일으킬 수 있어요! 배의 시끄러운 엔진 소리는 고래나 돌고래가 서로를 부르기 위해 내는 소리를 방해해요. 밝은 전등은 나방과 반딧불이 같은 야행성 곤충을 혼란스럽게 하여 짝을 찾고 번식하는 것을 어렵게 만들어요.

🗑 수질 오염

우리는 강과 바다에도 많은 오염 물질을 배출해요. 공장 폐기물, 쓰레기, 비료와 살충제 같은 농약이 강으로 흘러 들어가면서 오염이 발생해요. 또 각 가정의 화장실과 싱크대에서 나오는 하수도 오염될 수 있어요. 여기에는 해로운 세균을 옮길 수 있는 사람의 대변뿐만 아니라 청소용 세제, 샤워 젤, 화장솜, 면봉, 일회용 물티슈와 같이 일부 사람들이 변기에 버리는 물건도 포함되어 있어요.

하수처리장에서는 오염된 물이 자연환경으로 흘러 들어가기 전에 깨끗하게 만드는 일을 해요. 하지만 많은 곳에서 오염된 물이 강이나 바다로 곧장 흘러 들어가요.

수질 오염은 물속 야생 동물을 죽일 뿐만 아니라 사람들이 물을 마시거나 수영하기에 위험하게 만들어요.

🗑 쓰레기

쓰레기는 보기 흉하고 지저분할 뿐만 아니라 다른 문제도 일으킬 수 있어요. 동물들이 실수로 쓰레기를 삼켜 위가 막히면 음식을 먹지 못하게 돼요. 전선이나 낡은 그물이 동물의 몸에 엉켜서 죽거나 다칠 수도 있어요. 누군가 꺼지지 않은 담배꽁초를 버려서 산불이 날 수도 있고, 둥근 유리병도 돋보기처럼 태양열을 모아서 마른 나뭇잎에 불이 붙게 할 수 있어요.

바다거북은 때때로 비닐봉지를 삼켜요. 아마도 맛있어 보이는 해파리와 닮았기 때문일 거예요.

지구 구하기

113

온실 효과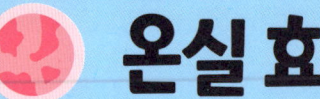

대기 오염은 지구를 더 뜨겁게 만들어 매우 큰 문제를 일으키고 있어요.
이를 지구 온난화라고 하며, 온실 효과 때문에 일어나요.

어떻게 일어날까요?

연료를 태우면 다량의 이산화탄소를 포함한 폐가스가 배출돼요. 이산화탄소는 온실가스로 알려져 있어요. 온실의 유리처럼 빛은 들어오게 하지만 열이 밖으로 빠져나가지 못하게 해요.

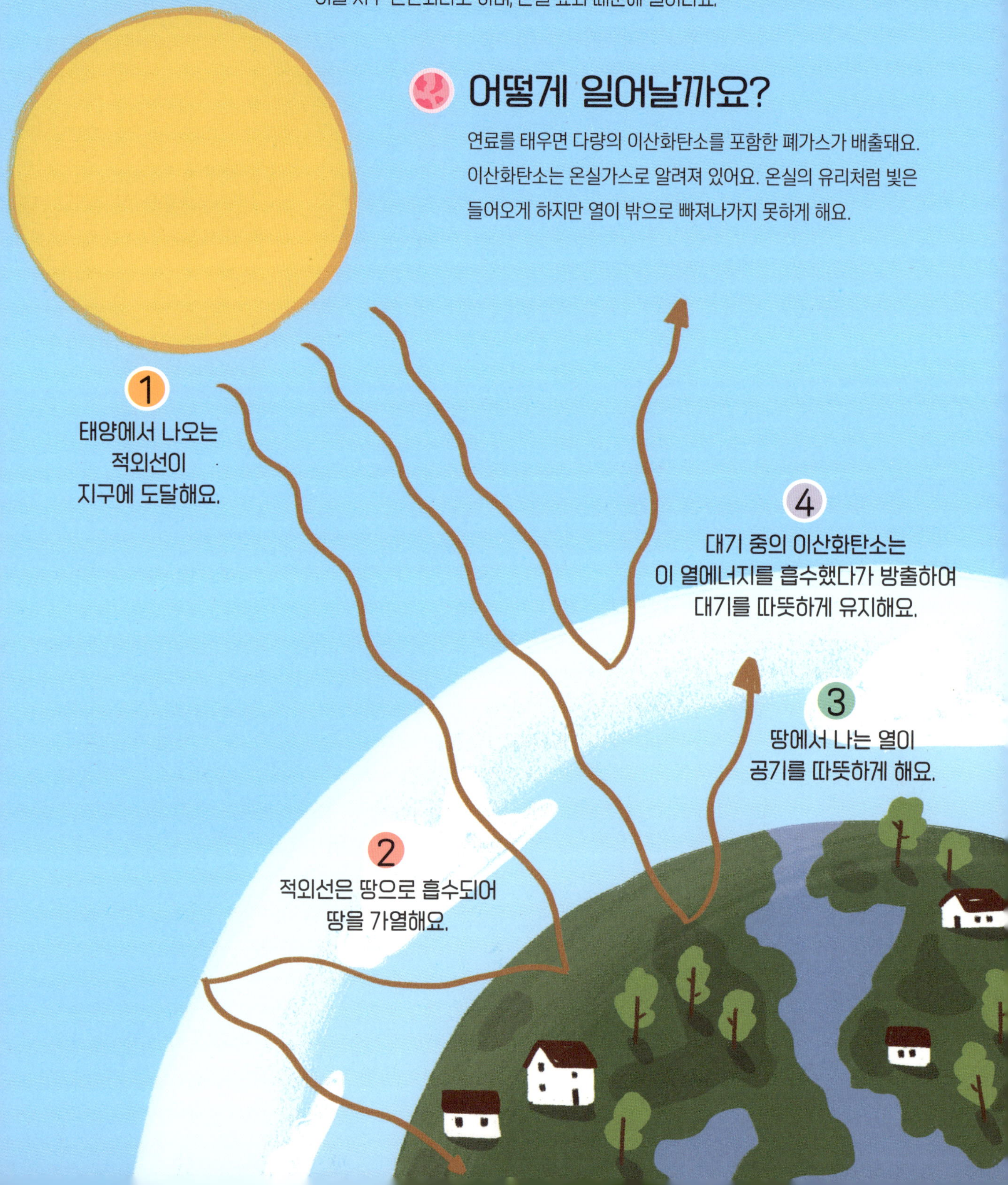

1 태양에서 나오는 적외선이 지구에 도달해요.

2 적외선은 땅으로 흡수되어 땅을 가열해요.

3 땅에서 나는 열이 공기를 따뜻하게 해요.

4 대기 중의 이산화탄소는 이 열에너지를 흡수했다가 방출하여 대기를 따뜻하게 유지해요.

🌐 보온

온실 효과 자체가 나쁜 것은 아니에요. 대기 중에는 자연적으로 약간의 이산화탄소와 다른 온실가스들이 소량 포함되어 있어요. 수증기도 온실가스 역할을 해요. 온실 효과는 생명체가 생존할 수 있을 만큼 지구를 따뜻하게 유지하는 데 도움이 되었어요.

🌐 소의 트림

이산화탄소 말고도 지구 온난화를 가중시키는 또 다른 중요한 온실가스가 있어요. 바로 메탄이에요. 메탄은 쓰레기 매립지에서 쓰레기가 썩을 때나 화석 연료를 추출하고 처리할 때 배출되며 농장에서도 발생해요.

소와 같은 가축들은 풀을 씹고 소화하는 과정에서 트림하고 방귀를 뀌면서 많은 양의 메탄을 방출해요.

5 열의 일부는 다시 우주로 빠져나가요.

🌐 온실가스가 너무 많아졌어요!

문제는 현재 대기에 오염으로 인해 발생한 온실가스가 너무 많다는 것이에요. 이산화탄소의 양이 증가하면 지구의 평균 기온도 상승해요. 산업 혁명이 시작된 이래로 지구의 평균 기온은 약 1°C 상승했으며, 지금도 계속 상승하고 있어요. 이는 적은 양처럼 들릴 수 있지만 지구의 빙하 지역, 날씨, 바다와 대양, 기후에 큰 영향을 미치고 있어요.

기후 변화

지구 온난화는 단순히 지구를 더 뜨겁게 만드는 것만이 아니라 다양한 방식으로 전 세계의 기후를 변화시키고 있으며, 그 변화는 대부분 해롭거나 위험해요.

호주에서는 평균 기온이 상승함에 따라 산불이 점점 더 크게 자주 일어나고 있어요.

더위와 가뭄

호주와 미국 서부 등 세계 일부 지역에서는 여름철 폭염이 증가하는 등 날씨가 점점 더 뜨겁고 건조해지고 있어요. 이로 인해 다음과 같은 다양한 문제가 발생할 수 있어요.

- 탈수 및 열사병으로 고통받는 사람들
- 사람과 동물을 위한 물의 부족
- 농작물을 죽이는 가뭄
- 생명을 위협하고 주택을 손상시키며 동물 서식지를 파괴하는 산불 발생 증가

🌡 얼음과 물

남는 열은 전 세계의 빙상, 만년설, 빙하에도 큰 영향을 미쳐요. 이것들이 녹기 시작했고, 작은 지역을 덮고 있던 얼음이 사라지고 있어요. 얼음은 녹아서 강으로 흘러들어 결국 바다로 흘러가요. 바다에 점점 더 많은 물이 유입되어 해수면이 높아져요. 동시에 바다가 따뜻해지면서 물의 부피가 팽창하여 더 많은 공간을 차지하게 되어 해수면이 더 높아져요.

해수면이 상승하면 큰 파도와 폭풍으로 인해 육지에 더 큰 피해와 홍수가 발생해요. 결국 지대가 낮은 섬과 해안 지역은 바다에 잠겨 물속으로 사라질 수도 있어요.

이 지도는 해수면이 20m 상승한다면 인도와 방글라데시의 해안선이 어떻게 변할 수 있는지 보여 줘요.

🌡 폭풍과 홍수

어떤 지역에서는 지구 온난화로 인해 더 강력한 폭풍, 폭우, 홍수가 발생하고 있어요. 지구가 따뜻해지면 바다에서 더 많은 물이 증발하여 더 많은 비구름이 생기고 태풍과 허리케인이 더 커지기 때문이에요.

태풍과 허리케인은 바닷물이 약 27℃보다 따뜻할 때 바다 위에 형성될 수 있어요. 지구 온난화로 인해 바닷물 온도가 상승하면서 이러한 폭풍이 더 자주, 더 강력하게 발생하고 있어요.

멸종 위기종

멸종 위기종은 모두 죽어서 사라질, 소멸 위기에 처한 생물 종을 말해요. 한번 멸종하면 다시는 돌아오지 못해요.

탄생과 멸종

지구 생명체의 역사를 통틀어 새로운 종들이 진화하고 오래된 종들은 멸종했어요. 이는 자연스럽고 정상적인 현상이에요. 각각의 종은 일반적으로 수백만 년 동안 생존하다가 멸종해요. 이것이 바로 우리가 지금 공룡에게 둘러싸여 있지 않은 이유예요!

늘어나고 빨라진 멸종

하지만 인간이 지구를 점령하기 시작한 이후로 생물 종의 멸종 속도가 정상보다 훨씬 빨라지고 있어요. 인간이 생물 종의 생존을 어렵게 만들었기 때문이에요. 현재 많은 생물 종이 멸종 위기에 처해 있어요.

야생 동물에 대한 위협

우리는 어떻게 이런 문제를 일으키고 있을까요? 주요 원인은 다음과 같아요.

- 인간의 집과 농장을 짓기 위해 야생 서식지를 파괴
- 생물과 그 서식지에 피해를 주는 오염 유발
- 기후 변화를 일으켜 서식지를 손상시키거나 그곳에서 살기 어렵게 만듦
- 먹기 위해 또는 가죽이나 상아와 같은 신체 일부를 얻기 위해 동물을 사냥하고, 심지어 재미로 동물을 죽이는 행위
- 수집품으로 보관하거나 판매하기 위해 야생 동물을 포획하는 행위

그냥 궁금해요

이 문제를 추적하기 위해 과학자들은 야생 동물을 감시하고 개체 수를 세어 각 생물 종에 다음과 같이 멸종 위기 등급을 매겨요.

LC: 최소 관심 (멸종 위험 낮음)
NT: 준위협 (보존 조치가 없으면 곧 멸종 위기에 놓일 수 있음)
VU: 취약 (멸종 위기에 놓일 가능성이 커짐)
EN: 위기 (멸종 위기에 놓임)
CR: 위급 (심각한 멸종 위기종)
EW: 야생 절멸 (자연 상태에는 존재하지 않고, 보호 구역이나 동물원 같은 곳에서만 생존)
EX: 절멸 (생존하는 개체가 하나도 없음)

🐝 사라져 가는, 사라진?

너무 늦기 전에 전 세계에서 멸종 위기에 처한 종들을 만나 봐요!

빛나는 와인잔 꽃
(학명: GEISSORHIZA RADIANS)
발견 지역: 남아프리카
보존 상태: EN

눈표범
(학명: PANTHERA UNCIA)
발견 지역: 히말라야 및 중앙아시아
보존 상태: VU

가비알
(학명: GAVIALIS GANGETICUS)
발견 지역: 인도, 파키스탄, 방글라데시 및 인근 지역
보존 상태: CR

비단시파카
(학명: PROPITHECUS CANDIDUS)
발견 지역: 마다가스카르
보존 상태: CR

러스티 패치드 호박벌
(학명: BOMBUS AFFINIS)
발견 지역: 북아메리카
보존 상태: CR

해파리 나무
(학명: MEDUSAGYNE OPPOSITIFOLIA)
발견 지역: 세이셸 제도, 인도양
보존 상태: CR

점박이 팔 물고기
(학명: BRACHIONICHTHYS HIRSUTUS)
발견 지역: 호주
보존 상태: CR

블래키스톤 물고기잡이 부엉이
(학명: BUBO BLAKISTONI)
발견 지역: 중국 및 동북아시아
보존 상태: EN

 보존

보존이란 무언가를 유지하거나 구하는 것을 의미해요.
인간이 만들어 낸 문제들로부터 지구와 서식지, 야생 동물들이 회복되도록 돕기 위해 우리가 해야 할 일이에요.
현재 전 세계적으로 환경 보호 캠페인과 제도가 많이 시행되고 있지만 아직은 더 많은 노력이 필요해요.

보존 방법

환경 보존을 실천하는 방법에는 여러 가지가 있어요.
보존을 위해 국제기구, 정부, 야생 동물 보호 단체가 힘을 합쳐 일하기도 해요. 다음과 같은 방법이 있어요.

- 건축, 사냥, 농사, 채굴이 허용되지 않는 야생 생물 보호 구역을 설정해요.

- 야생 동물, 특히 멸종 위기에 처한 종을 사냥, 수집 또는 해치는 행위를 금지하는 법을 만들어요.

- 쓰레기 투기 및 오염 방지법을 만들고 이미 발생한 오염을 청소해요.

- 숲과 얕은 바다의 해초 목초지 같은 자연 서식지에 새로 식물을 심어요.

- 개체 수를 늘리기 위해 멸종 위기에 처한 종을 포획하여 사육한 후 야생에 풀어 줘요.

- 농림업(농업과 산림업의 결합)과 같이 농업에 더 적은 공간을 사용하는 방법을 찾아요.

🌱 생태 관광

생태 관광은 멸종 위기에 처한 종과 서식지를 보호하는 데 도움이 되는 여행 방법이에요. 관광객들은 야생 생물 보호 구역을 방문하여 그곳의 동식물을 보기 위해 돈을 내요. 이를 통해 지역 주민들에게 일자리를 제공하고, 보호 구역을 운영하기 위한 자금을 마련하며, 방문객들에게 환경 보존의 중요성을 일깨울 수 있어요. 하지만 방문객이 너무 많아지면 더 큰 피해와 오염이 발생할 수 있으므로 신중하게 해야 해요.

그냥 궁금해요

다음은 야생 동물 보호에 도움이 되는 몇 가지 방법이에요.

- 쓰레기를 버리지 않아요.
- 물병과 같은 일회용 플라스틱 제품보다는 다시 쓸 수 있는 제품을 사용해요.
- 꽃을 꺾거나 야생 동물을 괴롭히지 않아요.
- 집에 야외 공간이 있다면, 야생 동물이 머물 수 있도록 일부를 자연 상태로 남겨 두어요.
- 할 수 있다면 나무를 심어요!
- 고기를 덜 먹도록 해요. 농장에서 동물을 기르는 것은 식물을 재배하는 것보다 더 많은 공간을 차지해요.
- 해변이나 공원에서 쓰레기를 줍는 자원봉사에 참여해요.
- 야생 동물 보호 구역을 방문해 야생 동물을 관찰해요.
- 가정이나 학교 학급에서 보호소에 있는 동물을 입양해서 키울 수 있는지 물어봐요.

🌱 거래 금지

어떤 사람들은 코끼리의 엄니(상아)와 같이 귀한 신체 부위를 얻기 위해 법에 어긋나는데도 멸종 위기종을 사냥해요. 상아는 칼 손잡이나 조각품과 같은 물건을 만드는 데 사용돼요. 전 세계의 국가들은 이를 막기 위해 멸종 위기종으로 만든 모든 제품을 거래하거나 사고파는 일을 불법으로 규정하고 있어요.

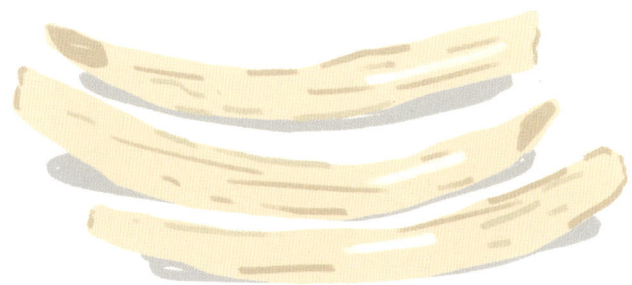

코끼리의 엄니인 상아

재생 에너지

우리가 해야 할 가장 중요한 일 중 하나는 연료를 덜 태우는 것이에요.
특히 석탄, 석유, 가스와 같은 화석 연료를 태우는 것은 환경 오염과 지구 온난화의 주요 원인이에요.
따라서 우리는 필요한 전기를 만드는 새로운 방법과 자동차, 버스 및 기타 교통수단에 동력을 공급하는 새로운 방법을 찾아야 해요.

재생 에너지

전 세계적으로 우리는 재생 에너지원으로 전환하기 시작했어요. 재생 에너지는 바람, 햇빛, 흐르는 강물과 같은 자연 에너지를 사용하여 전기를 만들어요. 태양, 날씨, 물의 순환 덕분에 이러한 에너지는 항상 충분히 보충되기 때문에 '재생 가능' 에너지라고 불러요.

풍력 터빈은 바람의 움직임을 회전 운동으로 바꾸고 이를 전기 에너지로 변환해요.

수력 발전 댐은 풍력 터빈과 비슷하나, 아래로 떨어지는 물의 흐름을 이용해 터빈을 돌려요.

전기 교통수단

연료를 태우는 엔진을 사용하는 대신 전기를 충전해서 움직이는 전기 자동차, 버스, 기차를 만들고 있어요. 이러한 교통수단이 사용하는 전기가 재생 가능 에너지원에서 나온다면 환경 오염이 거의 발생하지 않아요.

또한 자동차를 타는 대신 걷거나 자전거를 타면 환경 오염을 줄일 수 있어요. 이는 우리 몸에도 더 건강해요.

전기 주택

현재 많은 사람이 난방과 요리를 위해 가스, 석유, 나무, 석탄과 같은 연료를 사용하고 있어요. 이러한 연료도 재생 가능한 전기로 전환해야 해요. 그래야 가정에서 오염 물질이 배출되지 않아요.

조력 발전은 밀물과 썰물이 들어오고 나가는 흐름을 이용해 터빈을 돌려요. 조력 에너지와 파도 에너지를 사용하는 다른 방법도 연구하고 있어요.

전기 자동차 충전소

태양광 패널은 햇빛을 받으면 전기를 생성하는 재료로 만들어져요.

지구 구해기

123

 미래로

아름답고 독특하며 생명이 가득한 지구의 미래는 어떻게 될까요?

아무도 확실히 알 수 없어요. 지구 온난화와 기후 변화는 하룻밤 사이에 멈출 수 없기 때문에
당분간 계속될 거예요. 하지만 점차 그 속도를 늦추고 피해를 줄일 수 있어야 해요.
인구 증가 속도도 느려지고 있으며, 결국에는 인구가 다시 줄어들기 시작할 거예요.
우리는 나무를 더 많이 심고, 야생 서식지를 복원하고, 오염을 정화하여
지구가 더 자연스럽고 깨끗하며 푸르고 건강한 상태로 돌아갈 수 있도록 도울 수 있어요.
또한 우리의 뛰어난 두뇌와 발명 기술을 활용해 청정에너지를 생산하고 야생 동물을 돕고
기후 변화에 대처할 수 있는 새로운 방법을 찾아낼 수 있어요.

언젠가는 다른 행성이나 달로 여행을 가서
그곳에 새로운 터전을 마련할 수도 있을 거예요.

그런 세계는 어떤 모습일까요?

지구 구하기

세계 기록

지구에 있는 기록적인 산과 강, 호수, 사막 및 기타 놀라운 극한 지형을 소개할게요.

가장 큰 호수
카스피해, 동아시아
면적: 386,400㎢

가장 깊은 호수
바이칼호, 러시아
최대 수심: 1,642m

가장 넓은 바다
태평양
면적: 약 163,000,000㎢

바다에서 가장 깊은 지점
마리아나 해구에 있는 챌린저 해연, 태평양
수심: 10,994m

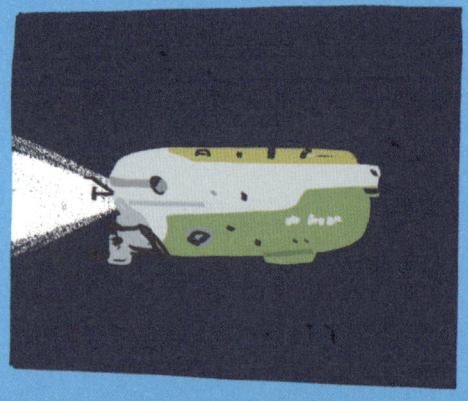

가장 큰 섬 (대륙 제외)
그린란드, 북아메리카
본섬 면적: 2,130,800㎢

해수면에서 정상까지 가장 높은 산
에베레스트산, 네팔과 중국 국경
높이: 8,848m

해저에서 정상까지 가장 높은 산
마우나케아산, 하와이
해저로부터의 높이: 9,966m

해수면에서 정상까지 가장 높은 화산

오호스 델 살라도 화산, 아르헨티나와 칠레 국경
높이: 6,893m

가장 활동적인 화산

킬라우에아 화산, 하와이

가장 건조한 사막

아타카마 사막, 칠레
연평균 강우량: 연간 약 15mm

가장 큰 사막*

사하라 사막, 아프리카 북부
면적: 약 910만㎢

*어떤 과학자들은 남극이 가장 큰 사막이라고 말해요. 남극은 너무 추워서 물이 대부분 얼어 있기 때문이에요. 어쨌든, 극지방을 제외하면 사하라 사막이 가장 커요.

지구 표면에서 기록된 가장 낮은 온도

-89.2°C, 1983년 7월 21일,
남극 보스토크 연구 기지

지구 표면에서 기록된 가장 높은 온도

56.7°C, 1913년 7월 10일,
미국 캘리포니아주 데스 밸리

가장 긴 강

나일강, 아프리카
길이: 약 6,650km

인구가 가장 많은 나라

인도, 아시아
인구: 약 14억 2,800만 명(2023년 기준)

가장 높은 폭포

엔젤 폭포, 베네수엘라
높이: 979m

가장 큰 나라

러시아, 유럽과 아시아
면적: 약 17,125,000㎢

용어 풀이

DNA(데옥시리보핵산): 생물이 어떻게 성장하고 작동하는지에 대한 정보를 담고 있는 실 모양의 화학 물질

강어귀: 강이 바다와 합류하는 넓은 부분

고세균: 박테리아와 비슷한, 아주 작은 단세포 생물군

광물: 지구에서 자연적으로 생기는 무기물로, 화학 성분이 일정한 물질

광합성: 태양의 에너지를 사용하여 물과 이산화탄소를 영양분으로 바꾸는 과정으로, 식물의 잎 안에서 일어나요.

궤도: 달이 지구 주위를 도는 것처럼, 어떠한 물체가 다른 물체의 주위를 도는 길

균류: 버섯, 곰팡이, 효모 등을 포함하는 생물군

균사: 일부 균류가 영양분을 모으기 위해 사용하는 머리카락 같은 뿌리

극한환경 미생물: 극도로 높거나 낮은 온도 또는 기타 극한 조건에서 잘 자라는 박테리아와 고세균

기상학자: 날씨를 연구하고 예측하는 과학자

다공성 암석: 작은 틈이나 기공(구멍)이 있어 물이 스며들 수 있는 암석

대륙 섬: 대륙에서 가까운, 대륙붕에 있는 섬

대륙붕: 대륙과 해안 주변에서 발견되는 바다 밑의 얕은 부분

대수층: 지하수를 포함하고 있는 땅속의 흙 또는 암석의 영역

등고선: 지도상에서 같은 고도에 있는 점을 연결하는 선. 경사, 산, 계곡을 표시하는 데 사용해요.

마그마: 지구 내부에서 암석이 완전히 혹은 부분적으로 녹은 물질

맨틀: 지각과 핵 사이에 있는 지구 내부의 두꺼운 암석층

무척추동물: 척추(등뼈)가 없는 동물

박테리아: 세포핵이 없는 아주 작은 단세포 생물군. 일부는 질병을 일으키지만, 다른 생물에게 도움이 될 수도 있어요.

발산 경계: 두 개의 지각판이 서로 멀어지고 있는 곳

비다공성 암석: 물이 스며들 수 없는 암석

삼각주: 강이 바다로 흘러 들어가는 곳에 강물이 운반해 온 모래나 진흙이 쌓여 이루어진 삼각형 모양의 지형

생물 다양성: 지구 전체 또는 특정 장소에 존재하는 생명체의 다양성

생물군계: 특정 유형의 기후, 경관, 식물 및 야생 동물이 있는 넓은 지역

생태계: 서식지와 그 안에 사는 생물들의 공동체

서식지: 생물의 자연적인 집 또는 주변 환경

선택적 번식: 번식에 가장 유용한 동물이나 식물을 선택하여 시간이 지남에 따라 생물 종을 변화시키는 것

수렴 경계: 두 개의 지각판이 만나 서로를 향해 밀고 있는 곳

습도: 공기 중에 있는 수증기(기체 형태의 물)의 양

쓰나미: 많은 양의 바닷물이 갑자기 이동하면서 발생하는 빠르게 움직이는 큰 물결

엽록소: 식물에서 발견되는 녹색 화학 물질로, 식물이 광합성을 통해 영양분을 만드는 데 사용해요.

영양분: 생물에 에너지를 공급하는 물질

온실 효과: 지구 대기의 일부 가스가 열을 가두어 지구를 따뜻하게 만드는 현상

음파 탐지기: 소리를 내보내고 되돌아오는 메아리를 감지하여 바다의 깊이를 측정하거나 물속에서 물체를 찾는 방법

응축: 기체가 액체로 변하는 현상

자외선: 햇볕에 피부가 그을리게 만드는 눈에 보이지 않는 유형의 빛 에너지

적외선: 사물을 따뜻하게 만드는 눈에 보이지 않는 빛 에너지

종: 특정 유형의 생물에 대한 학명

중력: 질량을 가진 물체 주위에 생기는 자연적인 힘으로, 다른 물체를 그 물체 쪽으로 끌어당겨요. 지구의 중력은 우리가 땅 위에 머물게 하고, 물체를 지구 쪽으로 당겨 떨어뜨리는 힘이에요.

지각: 지구를 둘러싸고 있는 단단한 암석층

지각판: 지구의 지각을 구성하는 거대한 암석 덩어리

지구 온난화: 인간의 활동으로 인해 지난 200년이 넘는 기간 동안 지구의 평균 기온이 상승한 현상

지하수: 땅속 암석과 흙 속에 모여 있는 물

척추동물: 척추(등뼈)가 있는 동물

침식: 암석, 모래, 자연의 물체들이 바람, 물, 중력 등에 의해 한 장소에서 다른 장소로 이동하는 과정

카르스트 지형: 많은 동굴과 지하 터널, 강이 있는 주로 석회암으로 이루어진 지형

크레바스: 빙하 또는 빙상의 갈라진 깊은 틈

태풍: 따뜻한 바다 위에 형성되는 거대한 규모의 회전하는 폭풍우

터빈: 바람이나 물의 흐름과 같은 움직임을 이용해 바퀴를 돌려 전기를 생산하는 장치

퇴적물: 모래, 자갈, 진흙, 조개껍질 등 바다나 호수 바닥과 같은 곳에 쌓여서 층을 이루는 물질

파장: 한 파동의 꼭대기에서 다음 파동 꼭대기까지의 파동의 길이

판의 경계: 두 개의 지각판이 만나는 경계 부분

풍화: 날씨와 또 다른 힘들에 의해 암석이 부서지고 닳는 과정

해발 고도: 평균 해수면을 기준으로 잰 어떤 지점의 높이

해양 섬: 육지에서 멀리 떨어진 바다에 있는 섬으로, 해저에서 솟아오른 섬

화석: 생물이 암석에 남긴 자국, 흔적 또는 잔해

찾아보기

DNA 74, 102

강 22, 24, 25, 34, 35, 36, 38-39, 40, 49, 61, 65, 98, 113, 122

고세균 72, 73

광물 16, 20, 23, 25, 40, 43, 103

광합성 79

교통수단 38, 100, 101, 122, 123

구름 58-59, 67

균류 75, 77, 79

기후 변화 116-117

기후대 55

꽃 78, 119, 121

나뭇잎 79

농사 96-97, 98, 99, 100, 102-103, 108, 113, 115, 118, 120-121, 122, 123

눈 35, 61

달 13, 15

대기 51, 52-53, 54, 62, 68, 114-115

대륙 13, 18, 19, 49

도시 98-99, 108, 109

동굴 24-25, 48, 83, 85, 91, 93, 95, 96

동물 66, 74-75, 80-81, 82-83, 86-87, 96, 102-103, 113, 115, 116, 118, 119, 121

루카(모든 생명의 공통 조상) 72

맨틀 16-17

먹이 사슬과 먹이 그물 86-87

멸종 118

멸종 위기종 118-119

무지개 57

무척추동물 81

물의 순환 34-35

미생물 76-77

바다와 대양 35, 40-41, 42-43, 44, 45, 117

바람 44, 52, 62-63, 64, 65, 66, 68, 69, 117, 122

바이러스 76, 77

박테리아 72, 73, 75, 76-77

보존 120-121

비 22, 24, 35, 36, 39, 40, 54, 56, 57, 59, 60-61, 62, 65, 66, 69, 117

빅뱅 12

빙산 47

빙상 46

빙하 47

사막 39, 55, 83

산사태 26, 45, 65

산업 혁명 100

생물 다양성 87

생물군계 82-83

생태계 86-87

서식지 84-85

선택적 번식 102-103

섬 18, 49

식물 43, 74-75, 77, 78-79, 80, 82, 83, 86, 87, 96, 102, 112, 113

쓰나미 45

암석 20-21, 22-23, 24-25, 26, 27, 28, 29, 33, 35, 36-37, 39, 40, 48, 65, 104

암석의 순환 22-23

에너지 110-111, 122-123

열대 우림 83

열수분출구 43

오염 100, 101, 108, 111, 112-113, 118, 120, 121, 122, 123

오존층 53

온실 효과 114-115

용암 12, 16, 21, 23, 27

우물 37

인구 95, 97, 99, 108-109

일기 예보 68-69

종 73, 74, 76, 84, 85, 86, 87, 90, 92, 93, 103, 118-119, 121

지각 16-17, 18, 19

지각판 19, 21, 22, 26

지구 온난화 111, 112, 114-115, 116-117

지도 18, 41, 46, 55, 69, 82, 92, 99, 104-105, 117

지진 26, 27, 45

지질 시대 28-29

지층 28, 29

지하수 36-37

지하수면 36

진화 73, 74, 90

척추동물 81

침식 22

카르만 라인 53

태양 8, 14, 52-53, 54, 55, 56-57, 59, 62, 78, 79, 86, 112, 113, 114, 122

태양계 8, 13

태풍 62-63, 65, 117

토네이도 63, 65, 66

파도 43, 44-45, 48, 117, 123

풍화 22

플랑크톤 43, 86

해안 48

핵 16-17

허리케인 62, 63, 65, 66, 117

호수 18, 22, 35, 36, 38, 39, 58, 66

홍수 62, 65, 117

화산 21, 22, 23, 26-27, 33, 49

화석 28

화석 연료 111, 115, 122

지구과학

초판 1쇄 발행 2024년 1월 5일

글쓴이 안나 클레이본
그린이 알렉스 포스터
옮긴이 김기상

펴낸이 이혜경
펴낸곳 니케북스
출판등록 2014. 04. 7 | 제 300-2014-102호
주소 서울시 종로구 새문안로 92 광화문 오피시아 1717호
전화 (02)735-9515 | **팩스** (02)6499-9518
전자우편 nikebooks@naver.com
블로그 nikebooks.co.kr
페이스북 www.facebook.com/nikebooks
인스타그램 www.instagram.com/nike_books

ISBN 978-89-98062-76-7 74400
      978-89-98062-45-3 (세트)

니케주니어는 니케북스의 아동·청소년 브랜드입니다.

책값은 뒤표지에 있습니다.
잘못된 책은 구입한 서점에서 바꿔 드립니다.

어린이제품 안전특별법에 의한 표시사항

제조자명 니케북스 **제조국** 대한민국 **사용연령** 8~13세 **제조년월** 판권에 별도 표기
주소 서울시 종로구 새문안로 92 광화문 오피시아 1717호 **연락처** 02-735-9515
주의사항 책 모서리나 종이에 긁히거나 베이지 않게 조심하세요.